教學生做摘要

五十種改進各學科學習的教學技術

Rick Wormeli　著

賴麗珍　譯

Summarization
in Any Subject

50 Techniques to Improve Student Learning

Rick Wormeli

作
者
簡
介

　　Rick Wormeli 擔任小學及初中教師已有二十四年，期間並曾個別指導過許多高中學生。雖然依舊每週在中學教兩班數學課和一班寫作課，但他把大部分的時間花在寫書以及指導全國或國際的工作坊。

　　他是 1995 年美國全國教學專業標準委員會（NBPTS）首度頒發「全國專業認證」（National Professional Certification）的受獎教師之一，也是 1996 年迪士尼全國中學傑出英語教師獎的得主，並且一直擔任國家公共廣播電台、《今日美國報》（USA Today）、法庭電視台（Court TV）及華盛頓特區史密桑（Smithsonian）博物館的顧問。

　　他有兩本得獎的著作——《在初中相聚：成為有成就的初中教師》（Meet Me in the Middle: Becoming an Accomplished Middle Level Teacher）和《第一天之後：初中教師的實用資訊》（Day One and Beyond: Practical Matters for Middle Level Teachers），並且在美國全國初級中學協會（NMSA）的出版品《初中園地》（Middle Ground）有固定專欄，他也是 ASCD 第一套錄影帶系列《因材施教班級的教學現場》（At Work in the Diferentiated Classroom）的特訪教師。Wormeli 的電子郵件信箱是 rwormeli@erols.com

賴麗珍

　　美國威斯康辛大學麥迪遜校區教育博士，主修成人暨繼續教育，曾任職於台北市教育局、台灣師範大學圖書館（組員）及輔仁大學師資培育中心（副教授）。研究興趣為學習與教學、教師發展及創造力應用。

　　譯有《班級經營實用手冊》、《增進學生的學習動機：150種策略》、《教師素質指標：甄選教師的範本》、《激勵學習的學校》、《所有教師都應該知道的事：教學計畫》、《所有教師都應該知道的事：特殊學生》、《教學生做摘要：五十種改進各學科學習的教學技術》、《重理解的課程設計》、《重理解的課程設計：專業發展實用手冊》、《善用重理解的課程設計法》、《設計優質的課程單元：重理解的設計法指南》、《教師評鑑方法：結合學生學習模式》、《創意思考教學的100個點子》、《思考技能教學的100個點子》、《教養自閉症兒童：給家長的應用行為分析指南》、《你就是論文寫手：高產量學術寫作指南》等書（以上皆為心理出版社出版）。目前在創意產業領域探索發展利人益己的事業。

謝
辭

　　我要特別感謝我的英語教師同儕、閱讀教師同儕及寫作指導老師，他們透過多次的當面指點和電子郵件往來，幫助我雕琢本書的構想；我也要感謝我的學生們，他們在知道或不知道的情況下，忍受了許多寫摘要的實驗作業。

　　我受惠於那些將認知理論推廣介紹給教師的作者和講者，他們讓很少有時間進行必要研究的教師能夠注意且接近這些理論，以便跟上有關人類學習的新知。以下是激勵教師教學並提供教學工具的專家名單：Thomas Armstrong, Glenda Ward Beamon, John D. Bransford, John T. Bruer, Renato and Geoffrey Caine, Bruce Campbell, Art Costa, Marian Diamond, Robin Fogarty, Howard Gardner, Jim Grant, Pierce J. Howard, David Hyerle, Eric Jensen, Robert Marzano, Carol O'Connor, Steven Pinker, Joseph Renzulli, Lynda Rice, Spence Rogers, Debbie Silver, David Sousa, Marilee Sprenger, Barbara Strauch, Robert Sylwester, Carol Ann Tomlinson, and Pat Wolfe。

　　我還要感謝 Monte Selby——他的身分是丈夫、父親、教師、音樂家、教練及促成者（catalyst），他在大學的云云眾人之中大力倡導讀寫能力和認知練習的重要。

　　最後，照例要感謝我的妻子 Kelly 及兩個小孩 Ryan 和 Lynn，他們讓我知道是什麼是每天中最重要的事。

教學生做摘要──五十種改進各學科學習的教學技術

目 錄

CONTENTS

教學生做摘要——五十種改進各學科學習的教學技術

目　錄

（正文旁之數碼係原文書頁碼，供檢索索引之用）

第一篇

做摘要的教學效用

2　　　「當你閱讀本書時，請以固定的間隔停頓，並摘要讀到的內容。」

　　對某些讀者來說，上述是明智、甚至有趣的任務，因為他們知道各種做摘要的技術，而且能從有效的做摘要過程體驗如何闡釋閱讀內容。

　　其他人可能會質疑做摘要的必要性，難道閱讀不夠忙嗎？好多的內容有待看完，而那項尋找中的重大概念可能很快就會出現；另外，還有其他事情等著做，比如疊在水槽中的碗盤可不會自己洗乾淨。

　　大多數教師都會同意這樣的說法——我們的學生通常都有這樣的傾向，亦即學生肯做任何事，除了寫摘要。他們寧可抄寫字典某一頁的全文，也不願意摘要歷史課本某一頁的內容；他們質疑什麼是重要的、什麼是不重要的，他們問自己：如果無法全盤理解怎麼辦？如果摘要了太多內容怎麼辦？這一段的主要概念是什麼？哪些是次要的細節？如果作者已經寫得非常清楚，該如何（以及有必要）以不同方式改寫呢？任何教學策略如果欠缺明確的定義和方法，都將令人不敢採用，但一用上摘要，就能破例得到青睞。

　　首先，什麼是做摘要？做摘要是指，將文本或經驗以最少的字數或有效率的新方式加以重述。許多教師和學生都認為摘要一定是手寫的型式，無論使用的是紙筆或鍵盤，這種看法誤解了摘要的靈活性，摘要當然可以用寫的，但是口述、表演、藝術表達、視覺傳達、肢體動作表達、音樂表達、集體或個別方式的創作也都可以。雖然研究顯示做摘要能大幅增加理解程度，並保持長期記憶，然而它卻是當今使用率最少的教學技術之一。

　　Robert Marzano、Debra Pickering 和 Jane Pollock（2001）在其所著的《有效的教室教學策略》（*Classroom Instruction*

That Work: Research-Based Strategies for Increasing Student Achievement）一書中，引用了更多的研究來證實，摘要法是教育史上排名九大有效教學策略之一。該書還特別在第29至48頁說明做摘要和做筆記的方法；在72至83頁說明非語文的教學表達方式；以及在 111 至 120 頁以提示、發問及前導組體（advanced organizers）的應用做為充足的證明，來說明摘要在學習上的功能，及其積極處理資訊而非被動接受資訊的優點。我非常推薦該書及其姊妹作《有效的教室教學策略手冊》（*A Handbook & for Classroom Instruction That Works*, 2002），這兩本書不僅提供做摘要的理由依據，也提供做摘要的各項實用技巧。

3

有些讀者已曉得有哪些認知理論支持做摘要的教學效力，其中似乎特別吻合的理論是「初始─時近效應」（primacy-recency effect）（Sousa, 2003），或者又稱「黃金時間1」和「黃金時間2」（Prime 1 and Prime 2）。「初始─時近效應」主張上課一開始的經驗我們記得最牢，其次才是下課前的經驗，因此一位善於教學的教師，會在上課的最初十分鐘左右呈現本節課的大重點，然後在下課前又將這些大重點複習一遍。這種教學方式很合理，想想老師如何教導我們準備意在勸說的講演，他們說：要把最強的論證放在開頭，並且在結束時再重述一次，因為聽者比較記不住中間的部分，中間部分適合安排力道較弱的資訊。

藉由安排符合「初始─時近效應」的上課順序，教師可以改變學生所記憶的資訊。例如，馬利歐的老師如果上課先以班級經營及雜務做開始，比如檢查作業、點名、宣布事情及收家長回條，學生會將這些事務的資訊與長期記憶連在一起。因此，當馬利歐的母親問他：「你今天在學校學了些什麼？」馬利歐將會回答：「我的同學雪拉今天請假，數學小考我算錯了六題，而這個星期五是『古怪帽

子節』（Funny Hat Day），老爸有沒有我可以戴的怪帽子？」

如果馬利歐的老師循著「初始─時近效應」安排教學，讓學生在上課開始的最初十分鐘學習大概念，馬利歐回答媽媽的方式會有些不同。他可能會說：「我們今天學習如何計算圓柱體的表面積，算法是先求出柱頂的圓面積再乘以二，然後再算出圍繞在外的長方形面積，最後把它和兩個圓面積相加即可。」這樣的回答聽起來似乎是教師的幻想，但是這項教學技術確實有用，當教師將關鍵概念做為上課的首要及最後事項，這些就是學生所保留的概念，班級經營和文書作業之類的次要雜務不會構成妨礙。

一節課的最後部分很重要。理想上，這段時間應該空下來做學習反省和摘要，學生學得很少是因為上課只有「教」的活動，唯有將新習得的概念應用到初次學習經驗之外的情境，以及花點時間反省和處理所學知識，才能產生效果持續的真實學習。形成擴展的知識就是做摘要的目的。

從教學的立場而言，上述步驟要靠信念支持，教師必須願意早點停下進度以利做摘要，即使尚未教到這節課的最後重點。為鼓起勇氣這麼做，你要自問：「我的教學是為了使學生能夠學習，還是為了把規定的教材教完？」如果你真正關心學生在學年結束時學到什麼，就很容易選擇摘要和反省的活動多過於涵蓋進度（coverage）。想想這個說法：**涵蓋**（covering）的意思也指「從所見移除」（removing it from view）。什麼樣的教師會移除人權法案、身體的新陳代謝、文學手法、化學程式及幾何學，不讓學生學習？遺憾的是，當教師未給予學生充分時間反思、理解及應用這些主題，教師便限制了學生的學習。

在典型的各週教學中，有可能每天每節課做摘要嗎？做不到，因為學校的活動太多，火災演習、學生集會、課

外學生分組討論、家長或行政人員意外到訪、電腦當機，以及其他五十項的干擾事件都可能發生。儘管如此，你還是應該把做摘要列為教學目標，如果從週一到週五可以和學生做三次有效的摘要活動，你這週算是過得不錯了。

　　以前有個柳橙汁的電視廣告，果汁瓶上的標籤印著：「柳橙汁不再只是早餐而已。」相同的說法也適用於做摘要，雖然下課前做摘要是結束教學的有效方式，但摘要**不限於**用在課堂結束時。摘要可用於評量學生在教學前的能力，然後依據學生的反應調整教學；做摘要的技術可用於單元教學的中段，以幫助學生監控理解，並將如何建構理解的過程回饋給教師知道；以及，當然，在學生獲得學習經驗之後使用摘要，可以幫助學生處理或理解所學知識，並將這些知識納入長期記憶。

　　教師可以從講述教學看出經常做摘要的效力，雖然講述是常用的教學策略——尤其在高中階段，但是研究結果告訴我們，學生在經歷四十五分鐘的典型講述教學之後，很難把聽講的內容轉換成長期記憶（Sousa, 2001b）；相對地，如果講述的內容分成幾個「區塊」（chunks）以取代整體，其結果是大量的資訊將能存進長期記憶中。「區塊化」是指教師大約講述十五分鐘之後（小學教學則是六至七分鐘），暫停講述，並就剛才呈現的內容引導學生做摘要或處理其學習經驗，教師可視需要花費一至十分鐘進行做摘要的過程，然後繼續下一段的講述教學。

　　區塊化的講述有利於記憶的理由之一是，停頓下來能「鎮住」（psychs out）大腦，使大腦覺得不再飽和，進而讓剛才的資訊存進虛擬的檔案中安全保存，以及可供將來提取之後，更有空間深思細想這些資訊。在四十五分鐘或更長的講述之末進行總結摘要，其產生的學習熟練度不如整節課適時進行小段摘要，逐步摘要才能到達精熟。

5

　　另一處能看出做摘要効力的地方是「繩索活動」（Ropes Initiatives）或「探險課程」（Project Adventure）。任何攀爬過十二呎高牆、玩過凌空吊索，以及穿過繩索編成的蜘蛛網洞而沒有觸鈴的人都知道，真正的學習不是發生在親身去做的當下，學習來自於完成任務之後的總檢討。這時指導員會藉由下列發問，幫助全體學員了解他們的成就：「你們如何解決問題？哪些事情阻礙全組獲得可行的解決策略？珍妮佛的建議如何加到凱倫的建議裡？下次你們會採用哪些不同的作法？這項活動教導我們哪些有關團隊合作的事情？」

　　教師可以藉著討論摘要，開始向學生說明做摘要的價值。在新聞寫作方面的應用以清楚簡潔的方式為特定讀者記錄觀察和體驗所得，是需要精通的有用技巧；再者，幾乎在現今所有的高科技公司中，員工必須有能力閱讀與理解某些事物，然後經由操控資訊、重組資訊、將資訊應用到新情況，使這些事物有意義。這些過程類似新聞記者報導新聞所用的程序，可見做摘要是現實世界要求的技能。

6

　　今天的學生當然必須學習事實，但也應該具備「資訊考古學家」（information archeologists）的技能，他們必須深入發掘資訊、理解資訊並賦予其意義；他們被要求找出主要概念與支持的細節資訊，以及有關原理的爭議和證明。於是，我們能給學生的最佳禮物之一是教導他們：(1)辨認重要資訊的方法──無論教師教哪些科目及如何呈現資訊；以及(2)為了意義和有效應用而組織資訊的方法。做摘要是學習如何刪去資訊、替換資訊、保存資訊的過程（Marzano et al., 2001），其竅門在於教師的想法能超越「如果有時間，做摘要是不錯的主意」……不把摘要視為另一種無用的附加物，認為它對已經飽脹的課程毫無用處……以及突破摘要和寫作的連結──我們不想把它強加在學生

身上或增加我們有限的評分力氣。

　　我們不應該告訴學生，摘要資訊的目的只是為了能夠重述，「僅是重述」並無意義，而且他們也不是受訓的鸚鵡。我們應該教導學生在做摘要時知道，做摘要是一種策略，能為心智開啟一個主題，並讓相關內容緊扣這個主題。做摘要能導引學生理解與保存記憶，這就是學習的目的，也是每位教師的教學目的。在本書的第二、三篇，將探討做摘要是何等容易、何等多樣及何等有效的策略。

教學生做摘要——五十種改進各學科學習的教學技術

第二篇
做摘要的實用知識和技巧

8　　　做摘要的能力不是少數人所擁有的天生技能，也不是任何魔術，哈利波特（Harry Potter）不必使用魔杖就可以摘要他被分配的課文。做摘要的大祕訣其實一點也不神祕：學生必須堅持到底、必須學習不同的摘要方法、必須練習、必須在觀點和資訊的力證之下傾向於修正想法。

　　讓我們先從一段節錄自歷史書的原文開始，然後再看它的摘要。

原文：

　　《大藍海洋》（*The Sea Around Us*）一書使瑞秋‧卡森成名；而她的最後一本書《寂靜的春天》（*Silent Spring*），則讓她樹敵不少（在有勢力的利益團體之間）。寫這本書需要勇氣，卡森探討嚴肅的主題──殺蟲劑以及它們如何毒害地球和生物，並在書中攻擊化學工業、食品處理工業和美國農業部。

　　這些被攻擊的部門立刻予以還擊，卡森被譏笑嘲弄為「歇斯底里的女人」，她的編輯寫道：「她的敵手應該了解……她質疑的不只是毒物可否被盲目隨意使用，也質疑一個工業化的技術社會能否對自然界毫無基本責任。」

　　不過，狂熱憤怒的攻擊只為卡森帶來更多的讀者。美國總統甘迺迪曾經要求白宮的科學顧問委員會給他一份關於殺蟲劑的特別報告，這份報告證實卡森書中所寫的指控，並且對於削減和控制殺蟲劑的使用提出重要建議。

　　以前民眾普遍不知道噴灑在植物上的毒物有害，現在民眾已經了解它的危險。瑞秋‧卡森曾謙遜地說，一本書不能改變事情，關於這點她過去可能錯了。

〔資料來源：美國歷史，第 10 冊：全民共享的國家（1945-2001）（Joy Hakim 著，1995）。牛津大學出版社同意引用。〕

摘要：

　　瑞秋・卡森的《寂靜的春天》一書出版後，惹惱了許多人，因為這本書使大眾認清殺蟲劑在動植物上的毀滅性使用，並且攻擊了那些無情使用殺蟲劑的公司。這些公司嘲笑卡森及她的著作，但是政府調查她的說法並發現其所言屬實，於是，政府以立法規範殺蟲劑的使用來回應這項危害。

　　這是一則有效的摘要，但是，哪些因素使它有效？摘要者如何知道哪些部分是重點，而且又能將重點彙整成摘要？答案是做摘要的實用知識與技巧。教師可以使用特定策略幫助學生學習做摘要的方法，以增進學生做摘要的成功率，並且加強他們對所有學科的理解能力。以下讓我們檢視一些做摘要的策略。

9

一、活化學生的個人背景知識

　　學生對某個主題的背景知識和經驗會形塑其創作的摘要，例如，如果教師要求兩位學生都把某位知名棒球好手的生涯寫成摘要，其中一位學生非常熱愛棒球，另一位則從未玩過或看過棒球比賽，那麼教師會收到兩則非常不同的摘要；再舉另一個例子，有些美國的南方人將南北戰爭稱為「北方入侵戰爭」（the War of Northern Aggression），此種觀點及其連帶的涵義會使學生在閱讀該時期的美國歷史時，難免會帶著偏見來選擇內容。

　　試想三位觀點不同的人同樣在閱讀 Michael Crichton 的《侏儸紀公園》（*Jurassic Park*）一書，他們分別是神學家、混沌理論的專家，以及一位在假期中想讀些生動探險類讀物的上班族，他們各自帶著不同的期望讀這本書，也得到不同的收穫，而其不同經驗也構成篩選閱讀內容的特別濾網。優秀的教師了解學生的背景知識對學習結果的影

響，同時也會充分利用這類知識。

　　為使學生能從閱讀的文本或學習經驗揀選出符合教師期望獲得的要素，教師必須確定學生在開始學習時，已具備足夠的背景知識來獲取預期的理解。在某些情況下，這可能表示當學生缺乏背景知識時，教師必須提供——此過程可能需要一至兩節課的時間。例如，上自然課時，我在要求學生閱讀和摘要有關顯微鏡操作的文章之前，會先空出時間讓他們摸索真實的顯微鏡：練習調整光源和不同的接物鏡、把標本玻片固定在載物台上，以及將透鏡調整到蓋玻片上方。之後，當學生讀到顯微鏡操作技術的段落，就不會露出目光呆滯的表情，而且其讀到的每一項重點都能存進長期記憶，因為閱讀的內容已經和稍早操作顯微鏡的記憶連結起來。學習的內容很少轉存到長期記憶，除非它和既存的記憶相連結，因此教師必須創造起始的基礎，以利學生能將新的學習連結到這個基礎。蘇格拉底說得對：「一切思考始於驚奇。」我們可不能任由驚奇隨機發生。

二、幫學生的大腦做好準備

　　在《大腦重要》（*Brain Matters*）（2001）一書中，Pat Wolfe 寫道，人腦需要準備才能專注，然後才能決定哪些文本或經驗有意義。例如，如果只要求學生閱讀歷史課本的第十七章之後就確定摘要的重點，是浪費時間的作法；同樣地，要求學生先觀賞五十分鐘的太陽系介紹錄影帶，接著直接做筆記而不給予任何指導，也是浪費時間。學生可能記下所有內容或者什麼也沒記，不論何者，只有極少量的資訊會轉換到長期記憶。相反地，如果要求學生「觀看錄影帶並注意行星如何保持其軌道」，教師就給了學生目標——學生可以集中注意力的對象，而藉著這樣的準備，學生會有能力處理錄影帶中的資訊，而長期保留記憶的可

能性也會增加。

　　為顯示在閱讀及做摘要之前讓大腦做好準備的重要，教師可以要求學生讀一段很陌生的深奧文句，然後要他們記下摘要，過程中不要告知閱讀目的也不提供任何回饋。接著，讓學生再讀一段難度相當的文句，但這次給學生明確的焦點和有關主題的背景知識。學生完成之後，請他們比較兩則摘要的品質，他們將會發現兩者有顯著的差異。若需要更多證明，教師可以在學生做完各則摘要之後實施小考，事先告知閱讀目的再進行測驗，學生的得分將比較高。我大力推薦 Cris Tovani 的《我讀了，但是我不懂》（*I Read It, But I Don't Get It*）（2000）一書，書中對於如何幫助學生準備大腦狀態和提供背景知識，有精采的討論。

三、教導學生辨識文本的根本結構

11

　　據我的經驗，學生對於結構最熟悉的文本，能表現出最佳的理解和摘要能力，因此，各學科領域的教師有必要教導學生，認識作者架構文本的不同方式，以及能以圖解型式有效摘要文本內容。例如，如果學生正在閱讀有關兩種政府體制的文章，教師應要求他們理解文中的對比（compare-and-contrast）結構，以及知道最佳的摘要方式是採用維恩圖（Venn diagram）。其圖解方法是：畫兩個彼此部分重疊的圓，將兩種政府體制的個別特徵分開寫在兩個圓圈的外邊部分，相同的特徵則寫在兩圓重疊的部分。如果該篇文章比較四種（或更多種）政府體制，教師可以讓學生知道製作矩陣圖是有效的摘要方法——垂直軸寫上政府的名稱，水平軸寫上各種政府的特徵。

　　大部分的書面文本採用下列某一種結構，或者混合採用兩種以上的結構，包括：列舉、時間先後順序、對比、因果關係，以及問題與解答。本節內容將佐以實例詳細探

討各種結構，讀者也可以在整本書中找到有關這些結構的其他說明。

(一)列舉式結構

列舉式結構強調列出各項事實、特徵、特色或其任意組合。在文本中常見的信號詞（signal words）有：首先、其次、第三、接著、最後、幾個、數個、例如、舉例說明、事實上、最重要的、也、其他等等（*to begin with, first, second, third, then, next, finally, several, numerous, for example, for instance, in fact, most important, also, and in addition*）。

原文：

月球是我們最近的鄰居，它距離地球二十五萬哩遠，地心引力是地球的1/6，因此，在維吉尼亞州體重一百二十磅的男孩，在月球上的體重只有二十磅。此外，月球沒有大氣層，一九六九年太空人留在月球上的腳印還在那兒，就好像當天踩上去時一樣地清晰。缺少大氣層也表示月球上沒有水，這是到月球旅遊的一大問題。

12

建議用於列舉式結構的摘要格式，包括了心智地圖、網絡圖（輪輻式大綱）、直式大綱、同心圓、康乃爾筆記法、矩陣圖、弗瑞爾模式〔mind maps, webs (wheel-and-spoke outline), vertical outlines, concentric circles, Cornell notes, matrices, The Frayer Model〕、字序排列或其他分類結構、主概念及細節部分，以及階梯組體（staircase organizers）──平行台階寫各個步驟的要點，有關的其他概念則寫在豎板和欄杆上。

以下是摘要格式的實例：

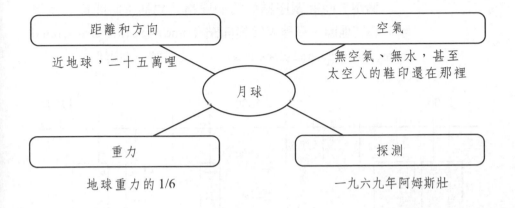

(二)時間順序的結構

　　按年代或時間先後順序的結構是指，文本以時間的關聯將事實、事件、概念加以排序，其常見的信號詞包括：之後、之前、漸漸地、不久之後、現在、在（某天）、自從、當，以及正當〔*after, before, gradually, not long after, now, on(date), since, when, and while*〕。

原文：

　　天文學在十五和十六世紀有長足的進步。一五三一年，我們今日所知的哈雷慧星造訪地球，引起很大恐慌；十二年後，哥白尼發現太陽系的中心是太陽而非地球，於是天文學成為了解自然界的方法，不再是令人畏懼的知識。十六世紀早期，伽利略製作了第一具觀察天象的設備——望遠鏡；一個世代之後，牛頓爵士（Sir Issac Newton）發明反射望遠鏡，它和今日我們使用的望遠鏡很相似；而哈雷慧星在一六八二年再度來訪，只是這次被視為科學的奇景，並由天文學家哈雷加以研究。

13

適用於時間順序結構的摘要格式包括：時間線、流程圖、心智地圖、日程表及鐘面圖（time lines, flow charts, mind maps, calendars, and clock faces）。以下是一則實例：

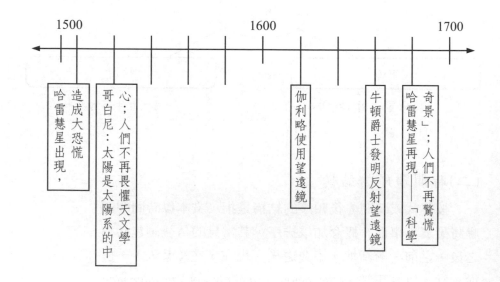

(三)對比結構

對比結構旨在闡明相似與差異，其常用的信號詞包括：雖然、和、但是、相反地、或是、然而、不只（不僅）、一方面、另一方面、或者、而不是……、相似地、除非及不同於（although, as well as, but, conversely, either, however, not only, on the one hand, on the other hand, or, rather than, similarly, unless, and unlike）。

原文：

初中比小學賦予學生更多的自主性，當同樣被要求對自己的學習負責時，中學生在靠自己而不靠成人做完功課方面，有更多的壓力；此外，小學偏重以記敘文教導大部分的讀寫

能力，初中則要求學生常常使用說明文來表達資訊。

建議用於對比結構的摘要格式，包括：維恩圖、T圖、　　14
異同流程圖、矩陣圖、弗瑞爾模式、雙泡泡圖（Venn diagrams,
T-charts, similarities/differences flow charts, matrices, The Frayer
Model, and double-bubble maps）。以下是一則實例：

	學生自主	學生的學習責任	學生完成大部分作業	教讀寫能力的文體
初中	高	高	自己	說明文
小學	低	低	由教師或父母	記敘文

(四)因果關係結構

因果關係的結構顯示，某件事情的發生是由於之前發
生另一件事情，其常用的信號詞有：因此、於是、由於、
因為、所以、因而、仍然、儘管如此、還是、不過、如此
……以致於……、為此、導致及這樣（*accordingly, as a result,
because, consequently, nevertheless, so that, therefore, this led to,
and thus*）。（譯註：以上中譯信號詞包括一字數譯 so that）

原文：

藥物濫用者通常從小學高年級就開始濫用藥物，他們從
父母的啤酒和烈酒開始喝起，以感受腦袋嗡嗡作響的快感。
他們繼續喝，喝更多的酒精飲料以獲得相同的酒醉程度，其
結果讓他們轉向其他型式的刺激，包括吸食大麻。這些階段
可能導致使用更多的烈性（hardcore）藥物，例如天使塵
（angel dust/PCP）、海洛英及快克古柯鹼（crack cocaine）；
因此，大麻和酒精被稱為「入門藥物」（gateway drugs）。
由於其容易使人上癮的特性，這些入門藥物將許多吸食的青

少年帶進了強烈藥物的世界。

15　　　針對因果關係結構建議的摘要格式包括：流程圖、網絡圖、魚骨圖、叢集圖、輪輻式大綱及特點分析（flow charts, webs, herringbones, cluster graphics, wheel-and-spoke outlines, and trait analyses）。以下是一則實例：

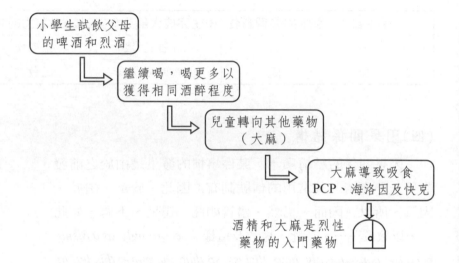

(五)問題與解答的結構

問題與解答的結構旨在解釋某個困難的情況、難題或衝突為什麼會發生，進而說明其解決策略，此結構常用的信號詞和因果關係結構相同。

原文：

一個棲息地的生態承載量（carrying capacity）是指其資源能夠維持的動植物數量，例如，如果整個棲息地只能提供八十磅的食物，而全體動物存活所需的食物量超過八十磅，則一隻以上的動物將會死亡，因為棲息地無法「負荷」所有

動物。透過增加棲息地的限制因子（limiting factors），人類
已經減少了很多棲息地的承載量，這些限制因子包括住宅興
建、道路開築、水壩、環境汙染及酸雨等。為了使森林棲息
地能夠維持完全的承載量，美國國會已經立法保護瀕於危險
的棲息地免於人類開發的破壞或影響，因此，這些受保護地
區能有高度的承載量和生長豐富的動植物。

16

　　適用於問題與解答結構的摘要格式也和因果關係結構
相同，包括了流程圖、網絡圖、魚骨圖、叢集圖、輪輻式
大綱及特點分析。以下是一則實例：

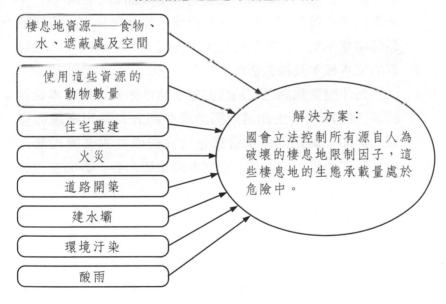

限制棲息地生態承載量的因素

棲息地資源——食物、水、遮蔽處及空間

使用這些資源的動物數量

住宅興建

火災

道路開築

建水壩

環境汙染

酸雨

解決方案：
國會立法控制所有源自人為破壞的棲息地限制因子，這些棲息地的生態承載量處於危險中。

四、教導學生理解意義的線索

　　高年級學生大部分都熟悉最有效又常用的寫作方式，
比如像說明文和勸說文（expository writing and pursuasive writ-

ing），然而，確定學生了解這兩種文體的一般結構是件重要的事。舉例而言，說明文通常以引言開端，再進到幾段解釋說明的文字，然後以一段結論作結尾；像政治演說和報紙社論等等的勸說文，通常把最強的論據置於起首和結尾，而非中間。雖然這些都是簡單的結構，卻讓許多學生感到困惑，因此教師在教學時有必要反覆強調這兩種結構。

主題句是了解文本意義的有用線索之一，它是指一個段落或一段文本的主題，以及作者對這個主題所提出的主張，例如在「狗是極佳的寵物」這個句子中，「狗」是主題而「極佳的寵物」則是對主題的主張。當然，一個段落的主題句未必這麼簡單，它可能出現在段落的中間或結尾，而不是起首。有時，主題句就是表面句子的暗示──要靠讀者將幾個句子的片斷組合後才能梳理出來。我建議教師讓學生反覆練習如何找出不同段落的主題句。（見附錄的文本樣本及練習活動）

為什麼要強調這些結構的重要性？因為了解文本如何組成，能幫助學生知道該閱讀哪些部分以找出關鍵的資訊，例如，論點的線索會被包含在構成勸說文的段落之中。為幫助學生找出某一段文本的重要內容，教師應教導學生從特定的段落開始閱讀。比如，一個段落的首句和尾句常常蘊含本段大意的線索；黑體字和斜體字是另一種線索，每次都值得注意；文本長度和字體的改變也是標示重要性的指標，尤其在廣告類文本或書面的說明；從文本中抽出並以邊框或陰影效果強調的訊息，通常代表值得熟記的資訊。最後，教師應該教導學生認識本篇曾舉例的信號詞，這些信號詞能指引學生進一步理解文本的邏輯和各部分資訊的重要性。

在過去三十五年之間曾經修讀過大學英文課的人可以證明，「文本」未必是書面的文件，因此教師也應該教導

學生辨識以非書面方式呈現的意義線索。例如，指出為何
講演者常用「我要說明以下三點」這句話來預告即將陳述
的論點，以及使用「總之……」之類的片語來強調已經講
過（而且每位聽講的學生都會記下）的最重要事項。教師　18
應該向學生提到：聽覺類文本經常重複某些內容，以不斷
提示重要的資訊，進而維持聽者的專注。政治人物近來常
重複的口號或者惱人的廣告短歌，可以做為教師的舉例，
以幫助學生領會重複訊息對集中聽者注意力的影響。

　　討論「視覺類文本」中的意義線索也很重要。視覺類
文本包括照片、電影、網頁、雜誌版面編排及廣告等等，
當我們注視照片時，可以細想其影像結構、框外的留白、
色彩或物體的平衡、陰影、光線、焦點內及焦點外的物體
等，以便「讀出」攝影者想要突出的訊息。觀賞電影時，
教師應教導學生注意電影如何被剪接和決定景框、各種觀
點如何被選擇或排除、哪些畫面被顯示或不顯示，以及音
樂如何幫助喚起情緒或暗示接踵而來的劇情。

　　最後，引導學生體驗多重的經驗，也有助於增進學生
的文本解讀能力。在這些經驗中，學生分析非書面文本的
媒體，而分析的角度取自作者的意圖，以及作者如何評估
能真正緊扣閱聽人的要素。教師可以多問這類問題：博物
館的展示呈現了哪些重要的觀點，以及我們如何得知這些
是重要的觀點？我們如何知道食品罐頭上的標示有哪些
重要資訊，以及我們認為重要的資訊也是食品製造商認為
重要的嗎？這則電視廣告有什麼值得蒐集的重要訊息，以
及廣告製作人如何對閱聽人凸顯重要的訊息？當我們瀏覽
網頁時，如何知道該將哪些資訊評為重要，而哪些資訊又
該任其沒入視覺背景之中？只需少量練習，學生就會很擅
長理解這些意義線索，而其分析能力和媒體識讀的實際知
能也會增強。Lynell Burmark 的大作《視覺的識讀能力》

（*Visual Literacy*）（2001）一書，是學習這方面實用策略的極佳資源。

五、向學生介紹類比的應用

類比（analogies）對於解釋和形塑概念很重要，這是因為做摘要時，類比的技巧非常有用。我曾經以十八世紀中期紐約市塔馬尼派（譯註：一七八九年在 Tammany Hall 成立的黑幫政治集團）肆無忌憚的特威德老大做為教學主題。當學生學習處理資訊的時間到了，我要求分組做類比，以歸納特威德老大和人體器官的雷同之處（外生殖器除外，理由很明顯）。經過延長時間的討論，有一組學生展示一張手繪的棒狀人形（stick-fugure），其軀幹中心畫了一枝箭射向一個情人節卡常見的心，箭的旁邊有一段文字說明為什麼特威德老大像人的心。我承認學生這樣的詮釋造成了牴觸，把心聯想成愛、關懷、養育的傳統想法和特威德老大可怕的腐敗彼此扞格，而這牴觸使我以不成熟的態度回應學生。

我告訴學生：「算了吧！像人的心？支持你們的證據是什麼？一般所謂的善心完全影響不了他。」

有位學生反駁我：「老師請等一下。特威德老大捐了一些錢給慈善團體，這讓他在公眾眼裡看起來是個好人，他有時也需要操縱群眾，不過都是良好的行為。他的心與關懷的行為相連。」

我打了個岔：「是的，那只是特威德老大各種作為的一小部分。那麼他的其他所有行為呢？那麼……？」

一位學生對空搖掌阻止我說下去，他開口說道：「等等，我們還沒說完。特威德老大捐錢幫助紐約市度過難關，他總是從中得到某些好處，但是他在紐約市面臨困境的時候維持政府部門的運作，大量投入金錢和影響力來幫

助它恢復生機。這不正是心臟對人體的功能——把血液注入全身以活化生命？」

　　所有的目光從那位學生轉向我，想看我怎麼回應。我沉默了一會兒，表情轉成微笑，心想，如果我的學生被我的創造力侷限了，這個世界將會多麼悲慘。然後我對那名學生說：「塔克，你做到了，你看到的不止一面，而我卻無法做到。」

　　根據每一組的舉例，我們討論其類比是否完整正確，甚至在比較特威德老大和人體器官時還探討了其他的相關。到後來，討論本身比最後的圖畫和寫出的類比更重要。就每一項類比，我們挑出關鍵的屬性，並且辯論其不同符號表徵方式的優點，比起做大部分的其他作業，這複雜的過程使學生維持更多的長期記憶。我很高興當時指定的學習任務不是「描述特威德老大其人」，或者「回答教科書中本章所附的四則理解問題」。

20

六、將文本和學習經驗區塊化

　　太長的文本段落會使正在學習做摘要的人感到氣餒，將各段落切割成長度較短的「區塊」，能使學生的大腦更有效處理資訊，以利從摘要邁向全段的理解。把文本分割成更小部分不會稀釋訊息，相反地，它的訊息呈現方式能加強學生的學習，當學生遇到這些比較小段的資訊，更多的訊息會存進長期記憶中。教師應該考慮在要求學生做摘要之前，將學習經驗、講述內容及閱讀教材分割成更短的部分；教師身為教學內容和學生學習這兩方面的權威，可以先預覽課程（部分文本、擬講解的某項概念、將予討論的主題），進而決定將其呈現給學生的最佳方式。

　　以下是一則例子。本書第 217 頁附錄 A 是蓋茨堡演說的全文，若我將全文發給學生並要求他們理解，可能要花

相當長的時間才能使所有學生都理解。把文章「解壓縮」（unpack）後再給學生，這些困難則會以指數增加的速度改善，亦即，倘若我先提供學生歷史背景資料、定義困難的字彙，以及將全文大聲朗讀過一遍，以利學生聆聽音調變化而加強理解。使學生順利學習的再下一個步驟是把全文分割成有意義的小區塊，有許多方法可以組合較長的段落再拆解為較短的部分，其中一個有效的方法是聚焦在轉折詞（transition words）之上，例如：

> 八十七年前，我們的先祖在這片大陸創建了一個新的國家，她為自由所孕育，並奉獻於人人生而平等的主張。
>
> 現在我們正進行一場重大的內戰，它考驗著如此為自由所生、如此為平等奉獻的這個國家或任何國家，能否長久存在。我們聚集在這場戰爭的一個偉大戰場上。

21　　　上述文字在內容上是否暗示了可做合理的變動？是的。林肯在演說的開頭提到了過去（「前」），然後在第二段的起始又使用「現在」二字，這樣一來就創造了某種時間線──從林肯當時的時間為準來對照過去和現在。所以，我可以根據參考的時間分期將第一段文字區塊化。

　　依據學生的準備度，我也可以把事情簡化，先提供精簡過的第一句摘要：

> 「八十七年前，我們的先祖創建了一個奉獻於人人生而平等主張的國家。」

　　一旦確定每位學生都掌握了這句話的意義，我會在適當的位置再加上原文的闡述性片語──「在這片大陸」和「為自由所孕育」，再和學生討論林肯為什麼要加上這些字。

　　換個方式，我可能藉由要求學生注意一、兩個主要問題而將原文分割區塊，比如問學生：「林肯演說的目的是什麼？」以及「他的演說成功嗎？」檢視講稿的文本會發現幾則關於演說意圖的線索，例如「我們前來獻出」和「……承擔更大熱忱以奉獻於他們鞠躬盡瘁過的這份使命，我們現在要下定決心，不令那些亡者平白犧牲。」

　　初次以試驗的教材教學時，教師會強調運用短的區塊讓學生練習新的行為。例如，教學生寫草體字時，要求學生參考印刷體的寫法，先練習某些複雜筆法的分解筆畫，再練習完整草體字；在樂隊或交響樂團練習時，我們有時會要求學生反覆練習一、兩個小節直到能純熟演奏，然後加入變奏練習，再同樣練到流暢為止。當然，如果在教學前考慮學習經驗區塊化的方式，教師就能設定最佳的重點練習段落，但靈感突來的時候，我們也會當場將教材以不同方式區塊化。建議好好把握這些時刻，它們可能是身為教師的最好時光之一。

　　簡言之，將文本或學習經驗區塊化，教師需要檢視哪些是要求學生學習的底線——想教給學生的永久基本知識。有用的時候，教師自己會在教學前先畫出文本或學習經驗的圖解，再稍微思索其結構，以了解哪些結構能增加學生學習教材的可能性。教師愈常練習，就愈容易上手。當然，如果教材是新的，教師仍然可以有效採用區塊來呈現它；而能和教學督導（mentor）或同儕試驗教材呈現方式，再向其請教批評意見，是件愉快的事。

22

七、給學生接觸文本時需要的工具

　　在學生能夠摘要一篇文字之前，他們必須先知道內容，為了知道內容，他們必須先注意到文本。這聽起來很明白，但是為數驚人的學生在閱讀時對文本的內容毫不了

解，他們一點也沒有融入文本之中，只是用眼睛掃視文字而已。我將這種情形和有時長途開車發生的反應遲鈍現象比較，其情況就像突然無法回憶前二十分鐘內路上的任何事情，我們會想：「天啊，希望沒有錯過轉彎。」教導學生用心親近文本並給予其所需的工具，對於促進做摘要的實際知能是不可或缺的。

(一)重複閱讀

　　老練的摘要者會把文本至少讀兩遍：第一遍是為了概覽，第二遍則為了決定重要內容。在快速的現代世界，可能很難說服學生花時間把閱讀的段落再讀一遍，但是，這項策略是他們未來應具備的成熟特質之一，教師應該向學生強調，身為讀者的我們，只有在對於即將閱讀的內容大致理解時，才能夠決定哪些內容是重要的。當解讀每個句子時，我們運用的是這個句子前、後的幾行句子，我們無法在第一遍閱讀時就概括理解，因為只接觸到前面及目前的句子，但是讀第二遍時，對閱讀的目的就會有較佳的理解。

(二)做註記和標重點

　　知道閱讀目的之後，我們需要做註記，以促進和文本的互動，以及更有智慧地討論和書寫有關的內容。學生常常閱讀一些內容卻不知道如何思考這些文本，閱讀的註記能將文本分割成更小的部分，使得蒐集必要的細節和構思回應更加容易。做註記的技巧很值得教導、示範及應用。

　　談到註記本身，教師與學生應當自由決定所使用的符號，對於才開始使用符號的人，我建議採用下列記號：

✓　　我同意

×　　我不同意

??　　我被弄糊塗了

!!　　哇！（表示強烈的情感）

CL　這個陳述是普遍的主張

EV　這是支持主張的證明（也可以加上數字表示證明提出
　　的順序，如 EV1、EV2、EV3 等等）

請注意最前面兩個符號不是「這點我了解」和「這點
我不了解」，因為詢問學生同意或不同意某件事時，我們
會要求學生表示立場——他們必須提出證明或理由來支持
某件事。學生必須自己投入於意義的理解，因此，他們必
須內化文本中的概念。

如果不允許學生在教科書或教材上書寫劃記，學生可
以使用黏貼便條（如「立可貼」）、螢光膠帶或透明片做
註記。黏貼便條有各種不同顏色和大小，很適合記筆記和
摘錄重點以供未來參考，而教師應教導學生如何有效應用
這類工具。

另一種選擇是螢光膠帶。螢光膠帶是厚度很薄、材質
像塑膠、可重複使用的膠帶，學生可將其用於標示句子、
框住段落，或在頁邊黏出一條線以利未來參考。由於膠帶
平貼在書頁上，書閤起來時不會影響到裝訂；膠帶有各種
顏色並能用於不同屬性的書籍；另外，從書頁撕開膠帶不
會損傷印刷和紙張，又能夠重複使用。你可以在辦公室用
品店買到螢光膠帶，或以合理價格向教育類書出版商訂
購，如 Crystal Springs Books。

當要求學生在投影機上的投影片寫下數學解題過程、
重組句子或畫圖時，記得在你的教學投影片上夾一張空白　24
片，學生將內容寫在空白投影片上，看起來像寫在教學投

影片上，而且在學生完成練習後，可以再換一張空白片。

當學生讀完文本、以黏貼便條和鉛筆做好註記之後，他們因為已經理解內容而做好了寫摘要的準備。在課堂討論時，學習的動力不會因為學生一行行掃讀不懂的句子而中斷，他們只要找找事先標註的問號，就會知道想問教師的問題是什麼；而如果教師要求提出作者提到的論證，學生可以查尋"EV"的標記。由於處理資料的方式為圖解或特定的摘要結構，學生可以直接聚焦在作者的主要論點及支持的細節。

學生可能也會發現，把讀到或學到的概念畫出來，會比摘要文字、劃重點或劃線更有用，這些繪圖常常變成概念的半拼貼，但是摘要者在向別人解釋時，還是能維持圖解內容的連貫性。這個向別人解釋這類藝術式繪圖的最後步驟很重要，教師應該創造機會讓學生練習。

八、強調學術的客觀性

學生應該理解：做摘要可以清楚正確地濃縮閱讀內容、聽講內容或學習經驗；摘要是關於作者的論據和細節；以及摘要不容許有個人的意見或判斷。如果需要加強做摘要這方面的能力，教師可以教導學生在說、寫摘要之前，加上「據作者（講者、帶領者）……」，這個技巧有助於將焦點維持在文本或學習經驗上，並提醒學生將內容詮釋和意見反應分開，而它也是一項適用於所有學者的分析策略。

25　九、教導學生評鑑他們的摘要

完成初步摘要只是做摘要過程的第一步，教師應該教導學生以下列問題評鑑每一則粗略的摘要：

- 摘要是否傳達了正確的資訊？
- 摘要的範圍是否太寬或太窄？它是否傳達了全部的要素？它傳達的內容是否太多？
- 其他使用這份摘要的人，能否獲得理解這個主題所需要的全部知識？
- 概念的陳述順序是否正確？
- 我是否略去個人意見，只是單純陳述原始文本的正確要點？
- 我是否使用了自己的話語和風格？

教師宜對學生強調，當完成刪減原文，以及選擇和組合摘要應包括的重要資訊之後，摘要的篇幅應當只有原文的 10%到 25%（長篇小說的摘要當然只有 1%或更少）。如果摘要的長度大於原文的 25%，節略可能做得還不夠；而如果許多學生都不會分割資訊，可能表示做摘要並非處理該文本的適宜方法。教師宜開放接受這種可能性，畢竟做摘要只是許許多多和教材互動的方式之一，它不是唯一的方式。

十、特別的部分：教導學生改寫的技巧

你的學生可能會抱怨：「作者已經講得極好了，我該怎樣使用不同的說法？如果別人都已經想好了，再改寫不是浪費時間嗎？」

大部分教師都曾經聽過學生這樣的意見，本書將改寫列為「特別的部分」是因為改寫的技巧是創作摘要的基本能力，但卻特別難教。學生和改寫纏鬥不休的理由之一，是因為他們缺少像成人般擴大接觸同義字和使用語文的機會，成人由於字彙比較豐富以及使用各種句子結構的經驗更多，很容易改寫他人的句子。因此，當我們要求學生以

26

不抄襲的方式改寫文本，學生看起來好像是被駛近中的車燈照到卻紋風不動的野鹿，一副認為我們太過敏感的表情。以下說明幾則能幫助學生挑戰改寫任務的方法。

(一)發展字彙

教師能提供的最佳改寫策略是，幫助學生增加字彙量和字彙的使用，方法包括在每天的語文練習中加入字彙和同義詞的練習、在每天的討論中多多少少使用新學的字彙，以及以自然的方式讓學生浸淫在新學字彙的環境中。

我認為包括高中教師在內的所有教師，都應該在教室中設一個字彙庫（word bank），字彙庫是由一疊手寫的大張字彙表組成，而這些字彙的來源有許多方面：目前發生的時事或教學單元、有趣的字詞、同義詞和反義詞，以及因為其他理由而特出的字詞。學生每天看到新字彙，就會用到它們；如果這些字詞不在眼下，學生就不會記得。我本來不相信字彙庫的功效，直到把字彙表掛在牆上試驗了一年，字彙庫增加的字詞數量令人咋舌；而且即使我不要求，學生也會把新字詞用在他們的寫作上。

我們會反覆內化聽到和說出的字彙，而內化過的事物傾向於隨手可得──因為就在「心目中」。只要心智上貯存了這些字及概念，就不需要使用參考書，而且我們對書頁上所述觀念的彈性思考能力也會增加。我們會很容易找到概化特定事實的替代物和方法，也會思考適合的語言以適應需要。有幾本關於字彙習得的好書值得一讀、值得應用書中建議的策略，如 Janet Allen 的《單字、單字、單字》（*Words, Words, Words*）（1999）很適合四至十二年級的教師。

有一組特別的字彙對於撰寫摘要至關重要，那就是轉折詞。有些學生不會寫摘要，是因為不會把字詞和想法貫

串起來，這些學生需要的成功條件只是正確的轉折詞——
從一個概念連結到另一個概念的方式。以下列舉一組可強
調的轉折詞：例如／比如／如、再一次、又、當、由於、
和……相同、因為、之前、之間、但是、在……期間／當
……時候、雖然／即使，最後、首先、舉例而言、因為這
個原因、然而、如果、立即、同樣地、其次、一方面、另
一方面、然後／因此、貫穿／在……之中、由於／因為、
當……、但／可是／然而（*such as, again, also, as, as a result,
as well as, because, before, between, but, during, even though, fin-
ally, first, for example, for this reason, however, if, immediately, in
the same way, next, on the one hand, on the other hand, then, there-
fore, throughout, while, and yet*）。

(二)替換同義詞與濃縮句子

　　大多數人在改寫時採用以下兩種方法之一：(1)以同義
詞替換目前的字詞；或(2)重新安排句子或將原來以數個句
子敘述的想法加以重組。教師應給予學生足夠的時間練習
這兩種方法。為發展流暢的改寫能力，教師可以要求學生
列出目前字詞的同義詞，或者同時使用新的字彙和常用字
詞；另外，也可以給學生兩個句子，要他們組合成較短的
概述。以下是一則例子：

原文：
　　成年的大烏賊可以長到六十呎長，牠們的眼睛大如車
輪，而且有些神經細胞大到肉眼即可觀察。

改寫後：
　　由於大烏賊能長到像巴士一樣長，牠的每個部分都很巨
大。

這些產生同義詞和節略句子的快速練習，不能只在開學時練習幾次，然後學年結束以前都不再練習。人類的大腦會刪除不使用的技能，特別在初中和高中時期，如果我們想要學生維持「硬連線」（hard-wired），他們必須在必要的神經網絡存在且又連結良好的情況下，整年練習這些技術。

(三)提供模式

另一項幫助增進改寫能力的策略是，給學生幾則成功的改寫範例，並讓他們在自己的作業中模仿這些句型結構。

28　　我聽過有些教師說：「如果學生只是模仿這些句型結構，他們永遠學不會自己思考，他們無法永遠這樣處理所有情況，只有和範例相似的情況他們才應付得來。」這種想法是對於寫作和做摘要的常見謬誤，事實上，我們最終會擴充增進所學到的模式，不論這些模式用於寫作、藝術、表演或改寫。教師應給予學生各種兼有原文和改寫摘要的模式，並且讓他們就新的文本練習這些模式。本書附錄提供了一些本文及改寫摘要的範例。

(四)定標題的技術

還有一項教導改寫能力的策略是，要求學生選擇任何概念、事件或人物為例子，並將其轉換為報紙標題。雖然用途通常只為了吸引讀者興趣，標題卻必須以一行的文字抓住故事的精髓。例如，一篇詳細說明光合作用的文本，其標題可能是「光與葉綠素化合製出糖分和氧氣」，而更詳細解釋分數除法的標題可能是「相除時第二個分數要翻轉再相乘」。

創造新聞標題的延伸練習能幫助學生發展對於改寫的

心向（mindset），縱然真實的標題可能幫助長期記憶，但是創造一個完整正確描繪概念、事件或人物的標題，會導致扎實的學習，而學生根據所學相互批評彼此的標題，也有助於保存記憶。順帶一提，教師可以邀請報刊編輯來課堂上，談談報刊的標題如何定出來，以及記者如何掌握新聞故事的要旨。

(五)積極傾聽

還有一項幫助擴大改寫能力的方法是，利用衝突解決訓練的積極傾聽練習。當傾聽與我們有衝突的對象說話時，我們必須先埋解其論點才能做出回應，對聆聽者而言，最有效的開頭方式是回答對方：「所以你說的是⋯⋯」，這項技術迫使我們想以正確理解的方式節略訊息，以下是其他的開頭用語：

- 「所以我現在聽到的是⋯⋯」
- 「那麼，看起的底線似乎是⋯⋯」
- 「讓我確定這是真的，你是說⋯⋯」

29

到了在深究單元（research unit）教導改寫技巧時，要求學生先以角色扮演方式調解輕微的衝突、使用起頭句摘要，或者改寫另一個人說的話。接著，讓學生經過幾節課的練習之後，將下列類似的開頭語用在文本段落的例子中：

- 「所以作者說的是⋯⋯」
- 「換句話說⋯⋯」
- 「它的重點是⋯⋯」

當學生以角色扮演方式大聲練習時，他們就創造了一組有用的書面摘要心向。

為了教學策略有效，教師應向學生示範：將某件事物改寫得不正確是很容易犯的錯誤，以及為什麼錯誤的改寫會令人感到挫折。不論做得好不好，反覆評鑑改寫能幫助學生在撰寫時就評論自己的作品，而不是等到完成以後。教師應向學生展示一些失敗的改寫，這些作品扭曲文本原意並導致資訊錯誤、學習成效低落、時間浪費及改寫者的名譽損失。本書附錄包括了各種正確和扭曲的改寫示例（見第 239 頁），教師可以要求分析這類示例，以幫助學生了解正確改寫的重要性，同時也可以鼓勵學生彼此確認詮釋是否正確，這項活動對全體師生都是寶貴的練習。

十一、結語

有時我認為耐吉（Nike®）的廣告說得很對，找到「去做就是」（Just Do It）的勇氣，就能發現成功的機會。做摘要是學術的技能，但並非學者專用的技能，如果教師教導各種格式的摘要方法，並且給予重複的練習和回饋，所有學生都會有能力做摘要。有時學生會有點掙扎，但隨著每一次的努力，他們就更趨近於熟練。做摘要的知識使學生的大腦做好準備，幫助他們監控理解的狀況，也協助每位學生處理、保存比應付下週小考更持久的資訊，尤其如果教師讓學生全年反覆練習至腦神經細胞路徑暢通。

身為教師，當我們冒著正面的風險教導學生做摘要時，我們會找到值得讓學生付出努力的方法，做摘要的技術在剛開始學習時可能令人氣餒，但最後的收穫很大，如同 Igor Stravinsky 所說：「我畢生學做一位作曲家的方法，主要是透過犯錯和尋求錯誤的假定，而不是靠著接近智慧與知識的泉源。」做摘要的功能就像鏡子和篩子，能幫助

30

學生自由探索和分析概念，它能改進各年級學生在各學科
的學習，並增加學習成功的機會；而且，當我們將要探索
知識時，做摘要還會有更多的樂趣。

教學生做摘要——五十種改進各學科學習的教學技術

第三篇

做摘要的技術

32　　　如果你考慮在教學中經常使用做摘要的活動，以下介紹的內容正好符合需要。這個部分蒐集了適用於所有學科的摘要技術，幾乎每種技術都有一種以上的用途（如個別化學習、書寫、藝術表達及動覺表達），而且只要發揮一點想像力，你或你的學生都可以將這些技術再修改或再加強。

　　下一頁起的摘要技術彙整表，將五十種技術依英文名稱字母順序排列，其內容提供了初步的介紹，之後則是每一種技術的完整描述及差異說明。彙整表中的分類圖示也會出現在各技術介紹的首頁，以利快速翻閱及查尋，例如，查尋採用藝術表達方式的摘要技術，或者兼具肢體動作的互動式口頭摘要技術。你可以按字母排序依次使用這些技術、選擇性地混合或配對使用，或者針對每位學生的獨特需要調整這些技術，以建構學習的鷹架。實際上，許多技術的介紹已經提供有利你上手的初步混合應用或學習鷹架。

　　何時使用這些技術當然是由你決定，你可以在一個單元或一節課的開頭、中間或結束時應用它們，而且使用時不會受到學生學習經驗的影響，不論涉及的是閱讀文本、觀賞錄影片、戶外參訪、參與模擬活動、創造巧妙的手工製品或機械式地記誦。這些技術會證明它們在各學科的教學都是有用的工具，因為透過做摘要可以改進每位學生的理解能力，並能給予他們促進長期記憶所需的動力。

　　本書只是提供一份可用摘要技術的基本清單，你可以開始蒐集對你有用或將來想用的摘要技術，並把清單放在教學計畫檔案容易取得之處。我建議的許多技術可做為上課開始時的暖身活動或「提早預習」（early bird）活動；或者分組教學的定錨活動（anchor activities）；或者做為吸收沉悶時間或轉換時間的補綴活動（sponge activities），並繼而代以與今日課程有關的實質互動。

做摘要技術彙整表

做摘要技術	個別的	口語式／互動式	書寫式	藝術式／表演式	動作式	簡短的	擴充的
條列 3-2-1（3-2-1）	X		X			X	
頭字語（Acronyms）	X		X			X	
前導組體（Advance Organizers）	X		X			X	
分析矩陣與圖表組體（Analysis Matrices and Graphic Organizers）	X		X	X		X	X
反向摘要（Backwards Summaries）	X		X			X	
布魯姆認知分類摘要法（Bloom's Taxonomy Summary Cubes）			X	X	X	X	X
人體類比（Body Analogies）		X		X	X	X	

教學生做摘要——五十種改進各學科學習的教學技術

做摘要技術彙整表（續）

做摘要技術	個別的	口語式／互動式	書寫式	藝術式／表演式	動作式	簡短的	擴充的
人身雕像（Body Sculpture）		X		X	X		
建造模型（Build a Model）	X				X	X	X
營隊歌（Camp Songs）		X		X	X		X
迴轉式腦力激盪（Carousal Brainstorming）		X	X		X	X	X
手勢字謎遊戲（Charades）		X		X	X	X	
具象拼寫（Concrete Spellings）	X					X	
設計測驗（Design a Test）	X		X				X

做摘要技術彙整表（續）

做摘要技術	個別的	口語式/互動式	書寫式	藝術式/表演式	動作式	簡短的	擴充的
排除式腦力激盪（Exclusion Brainstorming）	×		×			×	
弗瑞爾模式（The Frayer Model）	×		×				×
人人賓果（Human Bingo）		×			×		×
排連續線（Human Continuum）		×			×		×
內外圈（Inner or Outer Circle）		×			×		×
拼圖法（Jigsaws）		×	×	×			×
學習紀錄與日誌（Learning Logs and Journals）	×		×				×

教學生做摘要——五十種改進各學科學習的教學技術

做摘要技術彙整表（續）

做摘要技術	個別的	口語式／互動式	書寫式	藝術式／表演式	動作式	簡短的	擴充的
排序法（Lineup）		×				×	
抽籤做摘要（Luck of the Draw）	×		×			×	
動作摘要法（Moving Summarizations）		×			×		×
多元智能應用策略（Multiple Intelligences）	×	×	×	×	×		×
單詞摘要（One-Word Summaries）	×	×	×			×	
三面分析法（P-M-I）			×		×	×	
配對複習（Partners A and B）		×			×	×	

做摘要技術彙整表（續）

做摘要技術	個別的	口語式/互動式	書寫式	藝術式/表演式	動作式	簡短的	擴充的
觀點摘要法（Point of View）	X		X				X
PQRST（P-Q-R-S-T）	X		X				X
人事時組合法（RAFT）	X		X				X
最後回應（Save the Last Word for Me）		X			X		X
分一得一（Share One; Get One）		X	X		X	X	
蘇格拉底式研討（Socratic Seminars）		X					X

做摘要技術彙整表（續）

做摘要技術	個別的	口語式／互動式	書寫式	藝術式／表演式	動作式	簡短的	擴充的
情節摘要法 （Something-Happened-and-Then/Some-body-Wanted-But-So）	X		X			X	
卡片分類法 （Sorting Cards）	X					X	
怪聲拼字比賽 （Spelling Bee de Strange）		X			X		X
SQ3R （SQ3R）	X		X				X
摘要金字塔 （Summarization Pyramids）	X	X	X			X	
摘要球 （Summary Ball）			X			X	
分合摘要法 （Synectic Summaries）	X				X	X	X

做摘要技術彙整表（續）

做摘要技術	個別的	口語式／互動式	書寫式	藝術式／表演式	動作式	簡短的	擴充的
T圖／T表（T-Chart/T-List）	×		×			×	
禁忌字詞（Taboo®）	×	×	×				×
考試筆記（Test Notes）	×		×				×
思考—配對—分享（Think-Pair-Share）		×				×	
規則本位摘要法（Traditional Rules-Based Summaries）	×		×				×
三人問答（Triads）	×	×	×		×	×	
獨特的作業（Unique Summarization Assignments）	×	×	×	×		×	
改變動詞（Verbs? Change Them!）		×	×		×		×
灑字活動（Word Splash）		×	×				×

摘要類別

技術 01

條列 3-2-1
3-2-1

39　　　這項技術策略多樣且節奏快速，教師可以採用口語、藝術表達或書寫型式，將其應用在任何情境。在分組教學的班級中，它是「快答卡」（exit cards）很受歡迎的題目格式。（譯註：快答卡用於快速評量學生的學習結果或學習反省，題目量少且簡明易答，通常學生答完題就可以離開教室。）

基本程序

　　　若採用書寫的型式，教師先要求學生在紙張的左半邊依序寫下3、2、1（用半張紙亦可），數字之間要留幾行空白；然後，教師對這三個數字各貼出一張提示，並要求寫下有關提示的三件事、兩件事及一件事，例如，要學生說明從這節課學到的三件新事物、還覺得困惑的兩個部分，以及將所學應用到其他方面的一種可能方式。給學生的提示可隨著課程內容和教學目標而不同，但是許多教師會讓「一件事」比「三件事」的任務更困難一些。

　　　以下是取自三個學科（歷史、數學及科學）的一些實例：

3—舉出三項文藝復興時期藝術不同於中世紀藝術的特點。

2—列出兩項發生在文藝復興時期的重要科學爭議。

1—提出一項好理由來說明「再生」是描述文藝復興
　　的適當用語。

3—列出三項「斜率及y截距」的知識在專業領域的
　　應用。

2—指出兩項條件來決定平面上的一堆點如何構成y
　　截距的斜率。

1—如果（x¹, y¹）等同於平面上的一點W，（x², y²）　　　40
　　等同於另一點Y，則WY直線的斜率是什麼？

3—說明至少三項酸和鹼的差異。

2　列出各兩項酸和鹼的用途。

1—陳述一項理由，說明何以酸和鹼的知識對社會大
　　眾而言很重要。

變化與擴充應用

　　寫出某事物的3、2、1可改為以藝術或口語方式表達，
這些不同方式的操作程序相同，只是學生表達想法的媒介
改變，教師也可以允許學生自行選擇表達方式。

摘要類別

技術 02

頭字語
Acronyms

41　　　可憐的老姨婆莎拉，她一直弄錯數學運算的順序，你必須諒解她，尤其當你已經知道括號、指數、乘法、除法、加法及減法（parentheses, exponents, multiplication, division, addition, subtraction）等每一種運算應注意的重點。

　　　"Please Excuse My Dear Aunt Sally"（請諒解我親愛的莎拉姨婆）是上述"parentheses"等六個英文詞頭字語PEMDAS的擴展，它是數學運算順序的典型頭字語，其容易記誦的能耐多年來幫助了無數學生。出自單元教學內容的濃縮，PEMDAS是明顯的記憶輔助口訣，但仔細想想它其實也是一種摘要，而概念、循環週期、規格、程序及系統等頭字語的創作，都是極佳的摘要方式。

基本程序

　　　一開始，先要求學生列出正在學習的某件事物之核心屬性，例如對學生說，我們的學習一直強調如何撰寫極佳的小論文前言，則學生可能寫出以下各項來回應你的提示：

- Hook the reader with something compelling.（以吸引人的事物使讀者注意）
- Establish common ground with the reader.（建立和讀者一致的共同看法）
- Provide background information to set the stage for your

focused thesis.（提供背景資訊以做為焦點論點的
準備）

- Narrow the topic to a thesis statement.（將主題縮小
到論點的陳述）
- Reflect the organization of the thinking that follows.
（思索以論點架構組織想法）

其次，要求學生回顧列出的每項屬性，並找出一個字
詞做為記誦的關鍵詞。我喜歡以團體方式做這項活動，因
為討論及決定關鍵詞提供了另一種做摘要的機會。在此例
中，記誦極佳前言撰寫原則的關鍵詞可能是**吸引**（hook）、
共同（common）、**資訊**（information）、**論點**（thesis）**及思
索**（reflect）。

42

接著，要處理的是將關鍵詞以合理的順序排列，如果
各項屬性之間沒有特定的順序（例如埃及人的發明、樹的
種類或特定作業系統的特性等），就很容易一直調整關鍵
詞的順序組合，直到找出有意義又連貫的頭字語；雖然我
常發現學生能把字順安排得非常好，但如果順序是一定的
（例如數學的解題步驟、法案通過聯邦議院審查的過程、
粉虱的變形等），關鍵詞的排序就無法協議認定，而創造
易記的頭字語可能難度更高。

究竟學生創造出怎樣的頭字語來摘要小論文前言的撰
寫？他們找出每個屬性的起頭字是 h（hook）、c（com-
mon）、i（information）、t（thesis）及 r（reflect），由於極
佳的前言強調構成的要素而不論其順序，字母順序並非考
慮因素，因此，學生想到幾個頭字語：RICHT、THRIC、
CHRIT、TRICH及CHIRT。例如，"CIRTH"可能代表"Careful
Introductions Really Thrill"（仔細的前言真令人激動），"TRI-
CH"可能代表"Tri Compelling Hooks"（三倍吸引人的事），

"RICHT"可能代表"Real Insights Can Hold Together"（真正的洞察能結合全部）。你和你的學生也許能提出更有意義的頭字語。

　　如果學生想不出頭字語，教師可要求他們考慮不同的關鍵詞，以小論文的前言為例，我可以選擇cg代表"common ground"而不是單用"c"。稍微的修正可以讓學生發現新的頭字語。

變化與擴充應用

　　這項技術亦可做為教學前的活動。教師列出一張初步的屬性清單給全班學生，然後要求將其修正為他們自己的（另一個做摘要的機會）。做為記誦的工具，學生自創的頭字語會有更大效力，如果可行，教師也可以要求學生為即將學習的事物設計自己的頭字語，然後票選最佳的前三則並影印給每位學生，評選的標準應該包括清晰、正確、完整及是否容易背誦。

43

技術 03

前導組體
Advance Organizers

教學的鷹架作用（scaffolding）是一種提供學生模本　44
（templates）、直接教學及其他工具的方法，這些方法都能
幫助學生成功學習。以下兩種教學引導的用意相當：學生
上體育課走平衡桿時教師扶住學生的手，或者學生第一次
在歷史課做口頭報告時，由教師擔任他的共同報告人。儘
管如此介入，其想法終究是在去除對學生的直接支持並讓
他們「單飛」。

提供學生填空式的前導組體（見表1），是一種很好
的鷹架作用，又可做為摘要的工具。

表 1
前導組體：帶分數的除法
請自己填寫下列空格。 做帶分數的除法時，應先將每個帶分數轉換成＿＿＿＿＿＿；轉換後，把運算方式從除法改為＿＿＿＿＿；接著，把第一個分數的＿＿＿＿乘上第二個分數的＿＿＿＿，再把第一個分數的＿＿＿＿乘上第二個分數的＿＿＿＿。如果答案是＿＿＿＿分數，應改寫為＿＿＿＿＿＿，並把分數＿＿＿＿＿到最小值。

基本程序

首先，教師在教學前先寫下教材內容的摘要，接著瀏

覽所寫摘要，並寫出第二次的草稿，草稿中的關鍵字詞和片語用空格替代。

45　　在教學過程之中或之後，要求學生在這份填空的組體寫上正確字詞，如果可行且時間允許，學生可以兩人一組相互討論，以得出彼此同意的正確答案。

每回和學生使用這項技術時，我對於哪個字詞應該放在哪個空格都有特定的想法，但每次都有一、兩位學生會告訴我，某些空格可以有不同的詮釋，也可以合理使用其他不同字詞來填寫。教師對這種可能性應該保持開放態度，因為學生有很多可以教導我們的想法。

變化與擴充應用

對於已經準備學習更複雜事物的學生，教師必須有策略地編排填空空格。將你所知、答案在一個以上的字詞列為空格，或者將學生在決定最佳答案前需要多一點邏輯思考和多一些脈絡線索的字詞列為空格。

另一項相關的做摘要技術是相互創造前導組體，在學生完成填空式摘要之後，下一個好的步驟是要求他們以藝術方式表達所做的摘要。學生可以插入一些字詞來創造頭字語或縱橫字謎（crossword puzzle），縱橫字謎使學生除了構思圖式謎題之外，還必須設計答題的線索（請不要讓學生使用製作字謎的電腦軟體）。讓學生解答其他同學創作的縱橫字謎也是有價值的活動，雖然答字謎與做摘要的結合度少於製作字謎。

分析矩陣和圖表組體
Analysis Matrices and Graphic Organizers

完整正確提取資訊的能力，和學習時資訊首度進入個 46
體心智的方式有很大相關。身為教師，我們對學生與所在
社區的義務是，應以有條理又對學生有意義的方式，將學
科專門知識應用於呈現課程內容。而整個社會傾向於受視
覺所支配，則是所有這類教學安排的附帶理由（Hyerle，
2000），由於這個原因，我主張在每個學習單元的教學活
動中，至少要有一次是以視覺型式呈現概念、事實及技能。

許多教師已經為學生建構好教材，不同的例子包括：
在黑板上寫出某事件的起因並用箭頭指出其影響；把展現
的重要概念畫上框架框起來；提供模本讓學生創作短文的
大綱或解決代數問題；呈現事件的時間線、圓形圖或心智
地圖時，教師接著說明這個主題的發展或某個人的想法；
以及當學生首次在數學課學習畫橫式行線時，我們甚至給
學生座標圖紙。對做摘要而言，分析矩陣和圖表組體很重
要，係因其格式的適用性很強，可以應用到所有學習階段
和不同的學習目的。

基本程序

當教師開始一個單元或一節課時，提供一幅矩陣或其
他圖解來組織學生即將接觸的資訊。讓學生以完成構圖作
為學習前的活動，能幫助他們的大腦做好準備並創造預期
的學習結果。例如，表 2 顯示對預期學習結果的指引，它

能幫助學生在翻開第一頁開始閱讀之前，先架構對 Erich Remarque的《西線無戰事》（*All Quiet on the Western Front*）一書的初步想法。

47

表2 分析矩陣：《西線無戰事》的主題			
書中的主題	我的意見	小組的意見	作者的意見
大自然對人類的痛苦、人類的決定冷漠以對。			
「大地對士兵的意義之深，勝過對任何人。」			
嚴苛的訓練者為將赴戰場的士兵製造出最有用的訓練者。			
戰爭迫使人們拋棄傳統的價值和文明行為。			
「本書既非指控也非自述，更不是歷險故事。」			
「每位士兵都相信運氣。」			
友誼長存。			

48 　　同樣地，表3 各欄的標題提示學生在閱讀一篇關於血液成分的文章時應該注意的重點，表中的分格則顯示學生在完成指定閱讀之後可能的填答結果。

　　分析矩陣對於發展學生的理解型態也很有幫助。已完成的表4 矩陣顯示代名詞學習的結果，其下方空格待填的組體是用來幫助學生應用所理解的文法規則──主格代名詞必定行使動詞，而受格代名詞則必定承接動詞。

　　像表5 的資料檢索型分析矩陣（見第56頁），提供了一種記筆記的簡單方式，並能在學習一個單元的過程中監控學習的進步；它也能使學生在教師的幫助下，縮小學習的焦點，並快速區辨哪些地方還需要更多的資訊，學生可以

利用矩陣的架構或已寫就的大綱，到圖書館或上網找資料。

表3
分析矩陣：血液的成分

發問問題	紅血球	白血球	血漿	血小板
目的？	輸送氧氣和營養	對抗疾病	基質	凝血
數量？	每立方釐米五百萬個	每立方釐米幾千個	成人男性有九品脫、成人女性有七品脫	存活期短？
大小和形狀？	小圓輪型、中間略凹	很大、形狀不定	淡黃色液體，由水、鹽分及蛋白質組成	血纖維蛋白、纖維蛋白原（像纖維一樣）
細胞核？	無，不是成熟狀態	有	無	？
何處形成？	骨髓、脾	脾、肝、淋巴結	微血管壁的滲透力使水進入血管中	骨髓

表4
分析矩陣及應用：人稱代名詞

人稱代名詞		主格	受格	所有格	反身代名詞
單數	第一人稱	*I*	*me*	*my* *mine*	*myself*
	第二人稱	*you*	*you*	*your(s)*	*yourself*
	第三人稱	*he* *she* *it*	*him* *her* *it*	*his* *hers* *its*	*himself* *herself* *itself*
複數	第一人稱	*we*	*us*	*our(s)*	*ourselves*
	第二人稱	*you*	*you*	*your(s)*	*yourselves*
	第三人稱	*they*	*them*	*their(s)*	*themselves*

第一人稱單數：*I* hit the ball. The ball hit _me_ . The ball is _mine_. *I* looked in the mirror ball and saw *myself*.

第二人稱單數：*You* hit the ball. The ball hit *you*. The ball is *yours*. *You* looked in the mirror ball and saw *yourself*.

第三人稱單數（男性）：*He* hit the ball. The ball hit *him*. *He* looked in the mirror ball and saw *himself*.

49

表 5 分析矩陣：資料檢索表				
學習主題：				
資訊來源	問題 1	問題 2	問題 3	問題 4
來源 1				
來源 2				
來源 3				
來源 4				

變化與擴充應用

　　教師最好的行動可能是，呈現不同的分析矩陣和圖表組體，然後允許學生選擇最適合摘要或隨手處理的圖表。例如，如果學生的任務是將兩個概念做對比，有許多方法可將兩個概念圖解處理，圖 6 和圖 7 顯示了兩種圖表組體的格式，這兩種格式我的學生都用過。

圖 6
圖表組體：維恩圖（Venn Diagram）

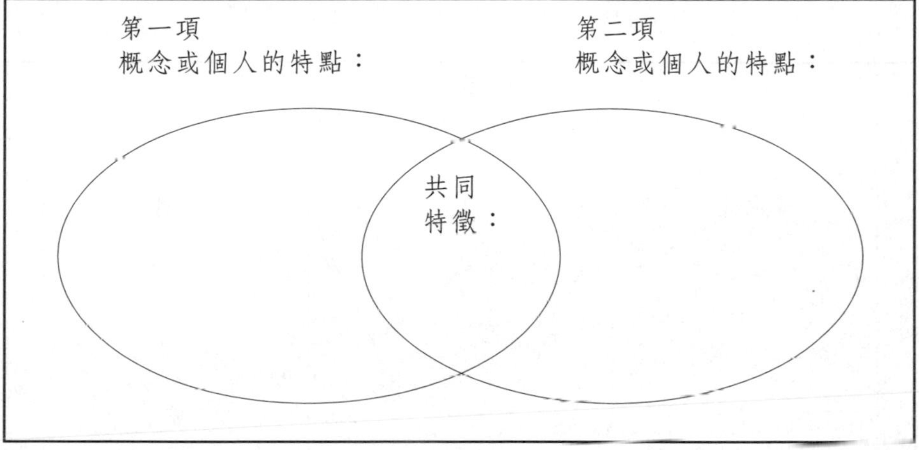

第一項
概念或個人的特點：

第二項
概念或個人的特點：

共同
特徵：

圖 7
圖表組體：相似與差異

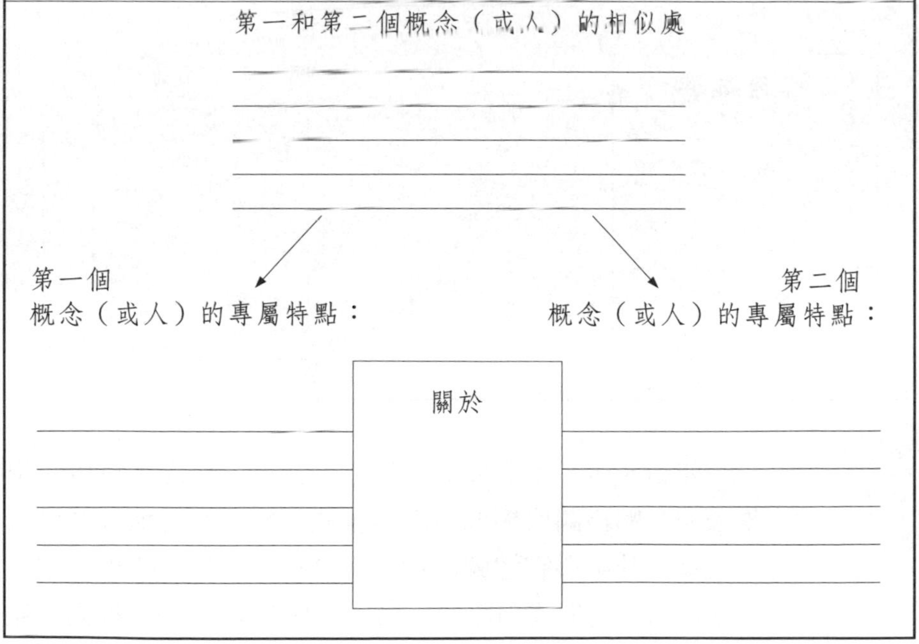

第一和第二個概念（或人）的相似處

第一個
概念（或人）的專屬特點：

第二個
概念（或人）的專屬特點：

關於

52 　　當學生需要分析某事或某人的特性時（如一部小說的角色或歷史人物），像圖8的組體會非常有用。

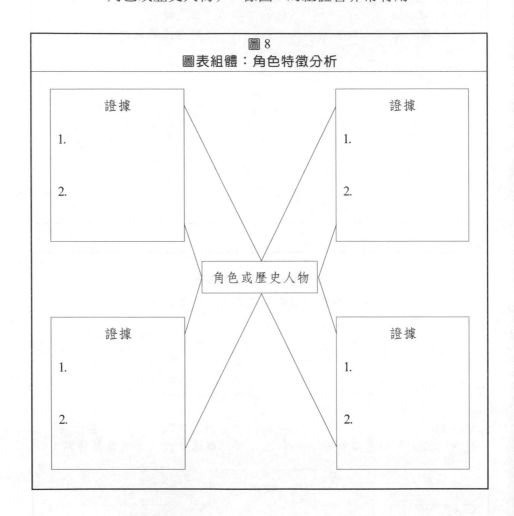

圖 8
圖表組體：角色特徵分析

證據
1.
2.

證據
1.
2.

角色或歷史人物

證據
1.
2.

證據
1.
2.

　　如圖 9 所示，需要從幾個方向擴充的概念，可以使用集叢圖、網絡圖或類似所謂輪輻式大綱和心智地圖的格式來表達，其中心智地圖長期被用來撰寫大綱。但也別忘了其他適用於週期或順序的組體，比如圖 10 中的流程圖（見第 60 頁）。

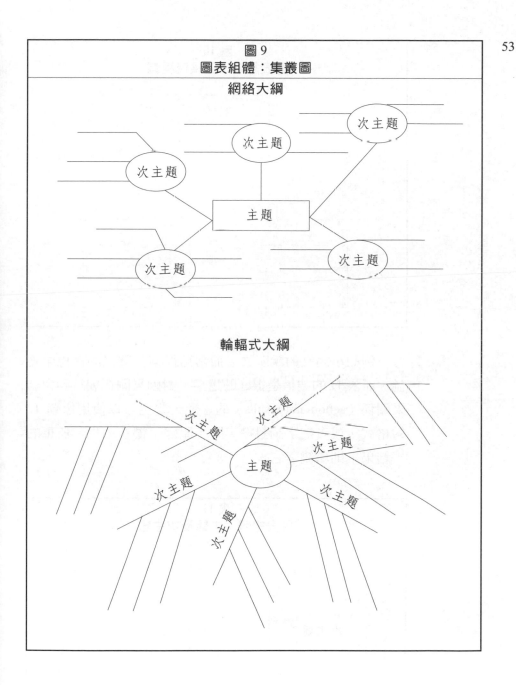

圖 9
圖表組體：集叢圖

網絡大綱

輪輻式大綱

54

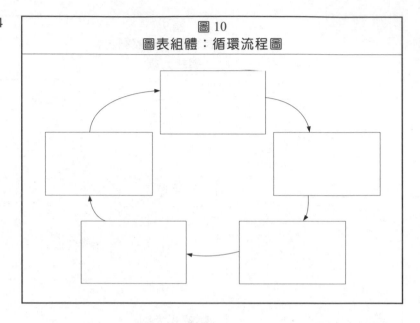

圖 10
圖表組體：循環流程圖

　　例如小論文的說明文，通常可從某些圖式的構思中獲益，而表 11 的架構是很好的選擇。對因果關係或行動與結果關係（action-and-results）的主題，學生可以使用像圖 12 的格式，或者把字詞對換，將「原因」擺在中央，多重的「結果」則環繞著它。

表 11 圖表組體：主題及次主題		
主要概念（主題句）	次主題 1	次主題 1 之支持的細節或證據
		次主題 1 之支持的細節或證據
		次主題 1 之支持的細節或證據
	次主題 2	次主題 2 之支持的細節或證據
		次主題 2 之支持的細節或證據
		次主題 2 之支持的細節或證據
	次主題 3	次主題 3 之支持的細節或證據
		次主題 3 之支持的細節或證據
		次主題 3 之支持的細節或證據

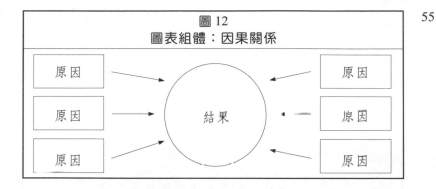

圖 12
圖表組體：因果關係

原因　→　　結果　←　原因
原因　→　　　　　←　原因
原因　→　　　　　←　原因

55

　　最後，如果學生在決定某一研究主題的構思上需要幫助，圖 13 的組體可提供很大的支援（見第 62 頁）。

　　有時學生會發明自己的混合格式或者提出一項全新的圖表組體，讓他們使用自己創造的工具，稍後再決定這些工具是否合用，因為學生經過慎重考慮才違反教師的建議，通常意味著進步而非違抗。

　　以上所述只是眾多可能的矩陣和圖表組體之中的少數，對有興趣使用這些技術來幫助學生準備、處理及摘要資訊的教師而言，有許多很好的資源可以利用，我特別建議下列作者的書：Allen（1999）、Forsten 等人（2003）、Frender（1990）、Hyerle（2000, 2004）、Balck 和 Parks（1990）、Stephens 和 Brown（2000）、Strong 等人（2002）、Vacca 和 Vacca（2005），以及 Wood 和 Harmon（2001）。

　　在教師忙碌的世界裡，很容易忘記以圖表建構資訊的力量，我們隨時可以為年齡小的學童畫圖表，但是常常認為初中和高中的學生可以自己創作圖表，事實上他們往往做不到。身為任教學科領域的專家，我們具備了觀點和實際的知能，能將資訊以增進理解和長期保留的型式整個組織起來，因此，我們的目標不只是向學生呈現知識，我們呈現知識的目的，是為了協助學生理解與發現知識的意義，而分析矩陣和圖表組體能幫助我們從僅是知識呈現者的角色轉換為真正的教師。

56

圖 13
圖表組體：縮小主題

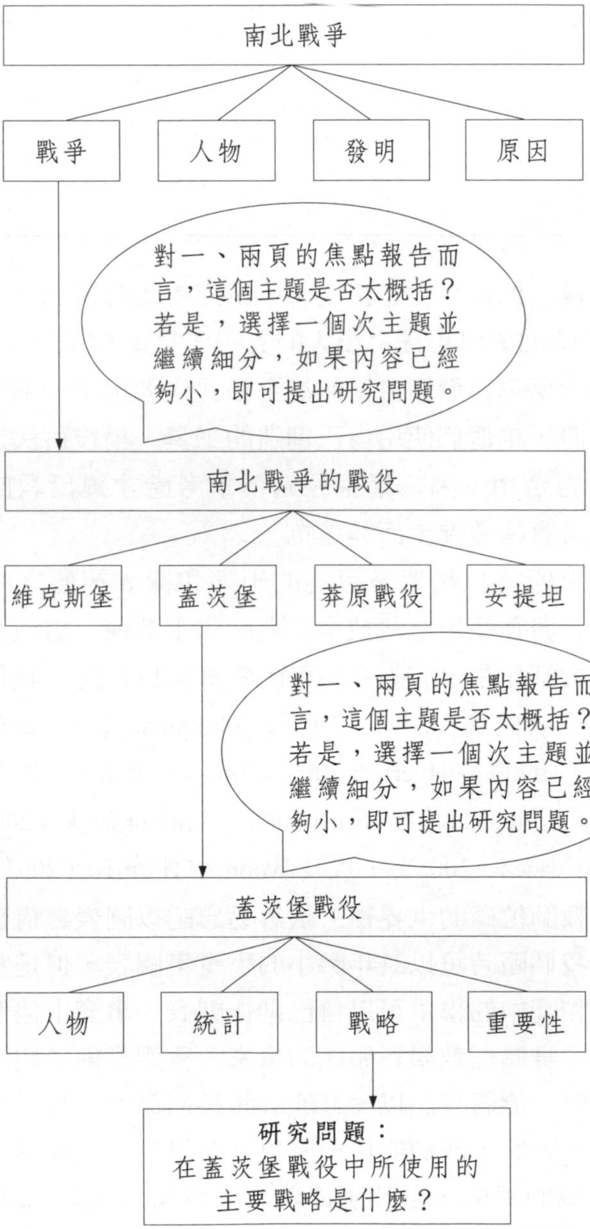

```
               南北戰爭
```

| 戰爭 | 人物 | 發明 | 原因 |

對一、兩頁的焦點報告而言，這個主題是否太概括？若是，選擇一個次主題並繼續細分，如果內容已經夠小，即可提出研究問題。

南北戰爭的戰役

| 維克斯堡 | 蓋茨堡 | 莽原戰役 | 安提坦 |

對一、兩頁的焦點報告而言，這個主題是否太概括？若是，選擇一個次主題並繼續細分，如果內容已經夠小，即可提出研究問題。

蓋茨堡戰役

| 人物 | 統計 | 戰略 | 重要性 |

研究問題：
在蓋茨堡戰役中所使用的
主要戰略是什麼？

摘要類別

技術 05

反向摘要
Backwards Summaries

57

　　許多出於好意的教師會以少量教材為焦點，開始單元教學活動。從這個起點，他們很有技巧地顯示：這些少量教材如何湊在一起創造稍微大些的主題構成要素，然後，這些要素如何形成單元主體知識的較大部分，以及最後這些較大量的教材如何創造出教師所教的整個單元。到這裡，教師會把學習單元交給學生並說：「現在，你們自己創造這個單元的完整架構。」但此時許多學生會對教師報以茫然的凝視，因為他們根本不明白該怎麼做。

　　舉例來說，許多教過短文寫作的教師都曾經這樣做：先聚焦在字詞、片語及文法，然後逐漸到句子；接著，要求學生把幾個句子串在一起以創作段落，然後依據主題將段落組合在一起成為一篇精練的短文。步驟一導出步驟二，步驟二導出步驟三。

　　遺憾的是，這種方法學生妨礙學生獲得自己的「啊哈！」（Aha!）時刻，聰明的教師會同時反轉預期的順序以達到最大的學習，他們要求學生從兩方面擴充概念——由基本層次到最複雜層次，再從最複雜層次回到最基本。而這就是建構主義的原理之一。反向摘要的概念是要求從最終的結果開始——由「整體」觀點入手，然後繼續探究較小的構成要素及其意義，雖然學生也會探究構成要素並朝整體主題構思。

基本程序

　　教師先提供學生做摘要的經驗，並在摘要的過程中向學生妥善解釋、表達或呈現某件事物的最終版本。然後，讓學生提出評論，例如評論整體事物的成功標準、特定構成要素對成品品質或個人成果的影響，或是發展成品或個人行動的初期步驟。關於如何開始反向摘要的過程，下列可用的提示將會帶給你好的想法：

58

- 「畫出產生這個段落的網絡圖解。」
- 「這是完成後的數學解答，如果沒有考慮到絕對值 x，會怎麼樣？」
- 「這是這個句子的最後法文翻譯，如果沒有檢查動詞的時態，會怎麼樣？」
- 「這是結構完善的協奏曲，如果我把第四頁的單簧管刪去八拍，會怎麼樣？」
- 「這是完整執行的實驗程序，如果不使用蒸餾水，會怎麼樣？」

　　當學生把分開的部分組合在一起以創造新的整體時，此種分析比單純的綜合更能闡述如何創造事物。學生需要分析與綜合、歸納與演繹，以及正向與反向學習。

變化與擴充應用

　　即使同時應用歸納與演繹，學生對於這兩種方法都有良好的反應。歸納的教學通常從特定發展到概括，而演繹的教學則從概括開始再發展到特定，兩者之間最大的差異在於支持主張的基礎不同：歸納思考依賴觀察和經驗，而演繹思考則依據規則、定律、原理及被接受的理論。以下

兩個例子能說明這兩種思考：

- **歸納思考**：如果你注意到自己每次被蜜蜂螫到都會痛，你可以假設，自己未來若被蜜蜂螫到也會痛。
- **演繹思考**：如果你注意到蜜蜂螫你時，會將小小的刺激物（毒物）注射到你的體內並引起疼痛，你可以下結論，自己未來若被蜜蜂螫到會覺得痛。

在反向摘要中，教師能提供學生兩種經驗：能據以獲得結論的經驗式基礎，以及能用以合理預測未來或做推論的既有整體概念、原理及規則。學生同時需要歸納和演繹的經驗，以利全面掌握所學的許多概念。

59

摘要類別

技術 06

布魯畝認知分類摘要法
Bloom's Taxonomy Summary Cubes

60　　　教師可多方使用布魯畝的高層次思考分類，來幫助學生做摘要以及和所學知識互動，方法之一是採用布魯畝認知分類摘要法。此技術提供了有創意的實作活動，並能促進實質的複習與反省，而其使用的立方體工具特別適合擅長以動覺學習的學生，學生的作品在教室中展示起來也很好看。

基本程序

　　教師先發給學生海報板、量尺、剪刀、膠水或膠帶，並要求畫出邊長至少五吋的立方體，以及寫出布魯畝的六個認知分類層面：**記憶（知識）、理解、應用、分析、綜合及評鑑**（譯註：2001 年已修訂為記憶、理解、應用、分析、評鑑及創造）。學生必須把標題寫得相當小，以利每個層面有註記（或畫圖）的地方可以根據該層面寫出對主題的解釋。

　　當學生在建構立方體時，教師可以張貼或發給學生一份布魯畝各認知分類層次的說明。類似的說明或定義很常見，也隨時可從網路獲得，但為重溫你的記憶，表14顯示了各個層次的基本定義，並隨之列出作業示例或教學提示。

　　最後，教師提供學生一份適合學習內容的範例提示，並要求學生針對該主題的各層次學習結果，決定表現方式。

表14 布魯畝認知分類層次和範例提示		
層面	解釋	範例提示
記憶	學生背誦他們記得的內容。	• 這件衣服是什麼顏色？ • 這時總統有多大年紀？ • ……的公式是什麼？ • 作者的兩項論點是什麼？ • 在哪一年……？ • 這個過程的四個步驟是什麼？
理解	學生證明他們是否了解一個主題。	• 每一類別的明確實例是什麼？ • 支持政府在……的行動是什麼？ • 你能解釋如何……？ • 你能依據……分類各個項目嗎？ • 哪一個字不合適？ • 為什麼……？ • 你能將一首英文詩翻譯成西班牙文嗎？ • X 和 Y 之間的差別是什麼？
應用	學生在不同的情況下使用知識和技能。	• 預測會發生的事，如果我們改變…… • 使用公式判定…… • 創作一份……的計畫。 • 解釋文學手法如何改變小說的風格。 • 提供問題的解決方案。
分析	學生將主題拆解為構成要素的部分，並以整個脈絡分析它們。	• 你能為這個角色辯護其在……的決定嗎？ • ……的功能是什麼？ • 這位理論家的理論得出什麼結論？ • 你能將論點依重要性排序嗎？ • 哪一項評論看起來最中肯？ • 哪些變項有最大的影響？ • 你能找出……的錯誤嗎？ • X 和 Y 之間的關係是什麼？
綜合	學生將似乎衝突的不同方面或主題集合在一起，以形成新的事物。	• 在這個場景加入一個角色，並解釋它會如何改變結果。 • 寫一首歌教導學生關於…… • 創作及提出一項公共服務的通告來說服觀眾…… • 創造一部卡通描寫…… • 設計一套在……的更好制度或過程。

61

62

<table>
<tr><td colspan="3" align="center">表14
布魯畝認知分類層次和範例提示（續）</td></tr>
<tr><td>層面</td><td>解釋</td><td>範例提示</td></tr>
<tr>
<td>評鑑</td>
<td>在特定條件之下，學生使用其他所有層次來判斷某件事的效力、結果或價值。</td>
<td>

- 你能判斷……的價值嗎？
- 哪一項嘗試獲得成功及為什麼？
- 這個團體達到目標了嗎？解釋達到或未達到的原因。
- 哪一套過程最有效率及為什麼？
- 這個遊說團體遵守法律嗎？解釋你的判斷。
- 這項政策可能在二十年前就發生效用嗎？如果會，為什麼；如果不會，為什麼不會？
- 哪一項決定違反倫理？
</td>
</tr>
</table>

　　以下為一則應用實例，其主題是根據美國的人權法案創作一份摘要。

層面一：記憶
學生寫出人權法案六項修正條文中的第一條。

層面二：理解
針對在層面一所選擇的特定修正條文，學生寫出這項條文對人權法案很重要的理由。

層面三：應用
學生畫一幅畫或創作一幅小型的雜誌圖片拼貼，其內容說明修正條文在日常生活中的應用。

63　　層面四：分析
學生提出一種當今的情況，在其中，嚴格墨守修正條文被證明是有害的。

層面五：綜合

學生解釋其他文化對於美國的人權法可能會有的感
覺，以及其他文化的立法機關可能如何更改修正案
的條文，以更符合該文化的偏好和價值。

層面六：評鑑

學生表示他是否相信修正條文至今仍然非常適合我
們，以及他已經準備好向全班同學說明他的想法。

變化與擴充應用

教師可以根據教學進度和學生準備度，對各個認知層
面提供或多或少的提示（或者從可能的提示中選擇少數）；
教師也可以激勵學生依據對不同認知層面的理解，提出他
們自己的提示。請記得考慮不同的表現方式——書寫的、
藝術的或口語的，並且空出時間讓全班學生分享創作的立
方體。

在某些教育圈中，由於在日常教學參照過度，布魯畝
的認知分類已成為老生常談，甚至被認為陳舊乏味。這實
在太可惜了，因為除了提高教師發問和指定作業複雜度的
使用理由之外，若找不出其他負面理由，布魯畝的分類無
疑是值得不斷應用的絕佳工具之一。就非常務實的層面而
言，在立方體摘要中使用分類是很好的策略，它使學生學
習到教材內容。

摘要類別

技術 07

人體類比
Body Analogies

64　　大部分學生都以身體為中心（body-centric）──非常注意他們自己的身體，因此使用這項興趣來幫助學習頗為合理。如果教師能將學習連結到學生的身體，學生可能會更注意教學，也可能會把教材記得更久些。在本書的第二篇，我們討論過一則人體類比摘要法：我的學生把特威德老大和人的心臟做比較。表 15 提供了人體類比的一般指南，其中列出的舉例只是取樣自教師和學生可能想到的策略。

　　若使用這項技術，做摘要的時機不只一個：首先是學生創作類比的時候，接著是對其他人展示他們的類比時──亦即，針對批評辯護他們的想法。對學生而言，與正在學習的事物互動是高度有效的方式。

基本程序

　　教師要求學生分組並決定一種或多種學習方法，其中這節課的主題會類比為人體的某些部分（再次，生殖器官除外）。首先，教師應事先備妥一些指引，各組會需要它們。接著，請學生先列出將與人體連結之概念的關鍵屬性，然後找出可能最適合代表概念的人體部位，有些小組或許會發現反向思考更容易：先確認某些人體部位的特性，然後再思考這些特性適合哪些已習得的概念。兩種方式皆可，而小組討論將是很好的教材複習機會。

表 15
人體類比指南

人體部位	可能的類比	舉例
手指或雙手	藝術作品、靈巧、彈性、全方位，或者能以團隊或個人完成的工作	由個別部分組成的機器，能運作以創造產品；團隊中的運動員；美國政府的三權分立；在工業革命時期，不同的工會合作對抗虐待勞工。
腳	任何需要「腳力」的事物或一趟旅程	蒐集補充或資料；設定問題或實驗室；在遇到其他人之前反思一項哲學問題或爭議；二十世紀戰爭之前軍隊偵察；次要角色的行動促成主角做某件事；能將承載的流動思考從一句話轉到另一句的轉折詞，例如**然而、最後、另一方面、因此**等。
心臟	能表達情感、動力、生命、熱情、抽吸，旋律或供給的任何事物	政府、哲學或宗教的基本原理；鈉鉀離子的幫浦，能將脈衝傳導員穿整個軸突；一位小說中的主角，小說故事圍繞著他而發展，或是歷史事件中的主要人物；畢氏定理的止三角形；將變數固定以解決代數等式問題；太陽系中的太陽；在中人西洋山脈的熱火山口。
脊椎或骨架	任何提供結構、支持或兩者的事物	作者才加入情節「血肉」和角色的故事主題；做筆記用的資料檢索圖；細胞中的細胞質；黏土雕塑用的骨架；數學問題的演算法則；小說中捲入衝突的鎮民和文化；公司或政府的內部作業；國家的基礎；區域網路（LAN）；分類及術語表。
胸腔或頭蓋骨	任何有保護功能的事物	一艘船的船體；執法機關；武裝力量；細胞壁或膜；樹的樹幹；數字的絕對值；在數學算式中括號的角色（運算順序）；清楚定義一項問題；某些事物的特定規則，如圖解不等式時決定加深顏色的區域；載明於憲法的國家運作規則。
胰臟或胃	任何能處理或分解他物的事物	小說中的對立者；「大自然」（洪水、地震、大火、龍捲風、年老、銹蝕、感染、輻射、重力、缺氧）；電腦病毒；能量轉移週期中的分解者；把多項式分解為二項式；色層譜儀試紙（chromatography paper）；文本的大綱。

65

66

表 15
人體類比指南（續）

人體部位	可能的類比	舉例
肝	任何的過濾器	特定的觀點、另類的觀點、輿論、評鑑的評量指標、考慮的理論、滿意的科學方法、篩子、概念或物體的分析、網路保姆（網路的過濾服務）。
食道	將東西以波狀推進的任何事物	使角色或歷史人物接近衝突或解決方案的一連串事件、一條時間線、二次大戰後重建歐洲的馬歇爾計畫、美國西部開拓的天命論（Manifest Destiny）。
皮膚	保護其他東西的事物或能夠再生和更新的事物	政治（當新任總統到華盛頓特區就職時）、船的船體、駕駛人的執照、新版軟體、蟹腳、運用新廣告和行銷技術的商業、公眾或歷史人物的表面形象、彈性足以適應多重觀點卻無損完整的意見或理論。

下一個步驟是表達類比的結果。教師可以進行大團體的討論，讓學生在說明類比時指著自己或同學的人體部位，教師也可以要求學生在 A4 大小的紙張上畫出一具人體，或者，在壁紙上或捲筒厚紙（butcher paper）上以同學當模特兒畫出大的人形（這些大的人形實例很有趣，而且掛在教室內看起來很棒）。當學生開始畫人形圖時（棒狀人形亦可），教師可以要求學生在紙上某處寫下一小段文字解釋每項類比，並畫一條線連到所類比的人體部位。

67

變化與擴充應用

由於一些類比可能只是部分描繪所學的概念，教師可要求學生做出更多的類比，而且每項類比強調不同的人體部位。為增加複雜度，可請學生思考，人體的不同部位能傳達哪些不同的意義，比如：手和腳伸展得像海星一樣、身體傾斜靠著某物支撐，或者身體蹲縮得像嬰兒；又如，

學生可能選擇以手部說明某種政治理念，那麼手部應該畫成拳頭或者手指張開？這些問題都值得認真分析。

　　最後，不論畫圖或真實應用，對許多學生而言，身體是極好的事實資訊記憶工具，他們將不同的事實資訊和人體部位連結，雖然各部位有異，但全都是更大的連貫系統的一部分，如此，學生成為自己的學習指南或者活的知識百科全書。教師若詢問學生餘弦／正弦／正切（consine/sine/tangent）、非洲旅行拖車或不規則動詞變化（如西班牙語的ir動詞），學生可能會輕拍指著自己的不同身體部位，好像他們記得所有的資訊。我在監考時也看過類似的情況，雖然那真的非常有趣，但是當你萬一無法親自監考時，一定要將這類事情預先告知代替監考的教師，以免他們大驚小怪。

摘要類別

技術 08

人身雕像
Body Sculpture

68　　在又被稱為雕像技術的人身雕像技術中，各組學生決定一項概念、過程、事實、順序或技巧的根本屬性，然後使用全組同學的身體設計一組靜態的舞台造型，俾以最佳方式呈現這些要素。雖然在形塑同學身體成為一組雕像以表現每個人關於主題的知識時，會得到很大的樂趣，但是活動過程能產生超越樂趣的事情。而學生在創造雕塑時進行的分析討論，以及他組同學對所完成塑像的討論，都有助於將資訊轉移到長期記憶中。

以下讓我們偷聽一組學生如何使用這項技術。

「如果你把雙臂放在頭上像屋頂一樣，我們就有了遮蔽處的造型。」馬利歐提出建議。

「是啊，但是如果我想成為其他東西呢？」拉奇夏回答。

「好，還有什麼？」

拉奇夏掃瞄教科書一會兒，然後指向右下方的一段文字說：「看這裡，書上說棲息地的第二項要素是食物。」

「你要怎麼表現它？」戴蓮問。

「我可以在摩擦肚子時凍結中間速度的動作。」拉奇夏回答。

馬利歐點點頭問說：「好，現在我們怎麼表現分解者？」

「等等，但那不是棲息地的一部分。」泰瑞插嘴說。

馬利歐說：「是，牠是，棲息地不能沒有分解者。」

泰瑞結結巴巴地說：「好，對，嗯，不對，我是說，我不知道，我的意思是說，我們應該雕塑棲息地的五類基本要素，分解者是屬於下一頁『能量循環』的內容，不屬於『棲息地的要素』。根據我讀到的內容，我認為棲息地的要素是食物、水、遮蔽處、空間及這些要素的安排。分解者不是動物棲息地的基本要素。」

阿諾也說：「是啊，書上說分解者只有在某個動物死了才出現，動物不會有死的棲息地，只有活的棲息地。」

馬利歐點點頭說：「好，我知道了，所以拉奇夏扮演食物，我來扮遮蔽處，你們其他人要做什麼？」

「我要扮成水，但首先我想知道，有沒有任何棲息地沒有分解者？」安娜提問。

「我不知道，但我認為有可能。」泰瑞說。

安娜繼續說：「我想到在冰凍的苔原上的小生物，牠們存活在冰凍的土壤中，分解動物的屍體，把釋放的能量回歸生態系統。氣候那麼冷，牠們怎麼辦到？」

「又如果動物死在海中，而牠們的殘骸沉入海底，堆高超過一哩以上呢？」傑森補充說：「哪些分解者會活在身體每平方吋有幾噸壓力的地方？」

「好了，好了，當我們完成任務，我們可以看看教科書的下一章。讓我們回到棲息地的基本要素，泰瑞，你可以再把棲息地的要素唸一遍嗎？」

基本程序

在學生已經接觸過某些資訊──讀過教科書章節、聽

過演講、看過電影、做過範例問題及看過示範，而且教師也帶全班簡要討論過教材之後，可將學生分成四至六人的小組，然後要求每一組使用全體組員的身體，「雕塑」所學某一主題的表現方式，這個主題可以是特定的概念、想法、過程、事實、順序或技巧。教師可以指定各組使用相同的主題，或者分派不同的主題給各組。

給學生時間討論什麼是主題的要素，以及如何以有效而完美的方式使用全組的身體表現這些要素。對小學階段的學生，我建議將討論時間限定在五至十分鐘；對中學階段的學生則可設定為十至十五分鐘。這可能是班級學生能做到最安靜的動態活動之一，因為教師會偷偷和每一組分享想法，並且告訴他們要小聲說話，以免把想法或建議的表現方式洩漏給其他組。討論必須祕密進行，這有助於降低噪音程度。

最後，讓學生一次一組將靜態舞台造型呈現給全班同學觀賞，以便其他同學能夠分析人身雕像，然後評鑑其正確性。至於教師，你可以利用類似下列的問題來促進討論：

- 這組的人身雕像代表什麼概念？（當每一組負責解釋不同的概念時，這項問題最有用。）
- 這組的人身雕像如何表達這項概念？
- 讓我們看看這組雕塑描繪得是否夠概括、夠正確？這些描述的屬性出現在文本（或學習經驗）的哪個部分？
- 有無方法可以改進這組雕塑，讓它可以澄清或擴大我們對這個概念的理解？
- 如果要求某一位組員變成動態的部分，這組雕塑會變成什麼樣子及為什麼？動態的部分能否增進概念的正確描繪？

　　以下是一則應用寫作術語「轉折」為主題的實例，轉
折是指很平順地將讀者的目光從一個句子移到另一個句子
所使用的字詞和片語。我要求我的七年級學生列出轉折詞
的所有同義詞，然後找出其中一個帶有物質象徵的字詞，
他們從「作家在一個概念與其他概念之間搭起一座橋」的
定義陳述中，選定「橋」這個字。

　　學生在思索轉折詞及其意義時，討論了有類比性質的
不同屬性。當準備好時，他們把身體塑造成一座橋──一
位同學懸空，其他四位同學兩兩抓住他的腿和肩膀（總計
五位學生）。在懸空同學旁邊的四位學生藉擺出以下代表
思考的姿勢來完成雕塑：一人伸出一隻指頭指向自己的太
陽穴、一人打著響指好像正解決了一個難題、一人拿盞燈
泡在頭頂表示她想到個點子，以及一人伸出自己的一隻手
指表示有個意見，而懸空的學生則是兩方面想法的橋樑。
這組的類比很清楚表示，轉折詞象徵一座橋，將讀者從一
個句子帶到另一個句子，或者從一個概念帶向另一個概念。

71

　　有一組創造了這樣的雕塑，而其他學生都準確地認為
其主題是「轉折」，除了有一位學生堅持相反意見，他說
這組的造型從任何一邊看過來都一樣，不論正向或反向。
為了這個理由，他認為這組的造型詮釋的是另一個字「回
文」（palindrome）──倒過來讀都一樣的字詞或數字，例
如"radar"、"noon"、"45154"（譯註：又比如中文的「上海自
來水來自海上」）；另一位學生則辯駁說：「回文不可能
正反兩方都各有想法，這就是『轉折』沒錯。」於是，第
一位學生了解了兩個字的邏輯不同，撤回了他的意見。如
果我採取傳統的字彙教學方法，比如給學生定義，然後告
訴他們每個字造一個句子，這樣細微又有程度的思考就不
可能發生。

變化與擴充應用

在人身雕像摘要之後可進行的極佳後續活動是，要求學生在學習紀錄（learning log）中，寫下他們對這個主題的理解，以及敘述人身雕像的經驗如何增進或改變其理解。為幫助學生內化資訊，教師可要求畫出每組的人身雕像（棒狀人形亦可），並說明每個雕塑代表的概念。另一個方式也很有用：將每組的人身雕像一一拍照，附上文字說明貼在教室某處，以做為整個單元後續學習的參考。

有些教師可能會質疑以人身雕像方式摘要更抽象概念的能力，如民主、推論、詩的細微差異、二次方程式的公式或積分（integrals）。其實我們的學生比我們聰明（特別在團體學習的時候），他們會提出我們從未想像過的聰明表現方式。我們很少發現有任何概念無法雕塑，即使學生得到的主題似乎深奧或難以理解，例如區辨直喻和隱喻、半諧音和諧和音、間接民主與共和政體、各種經濟原理、故事主角的改變心意、貸款的複利與單利，以及政治理念等，學生都能成功應付挑戰並且雕塑得很好。更好的是，學生在過程中將會學習、將會保留資訊，而教師也同樣可以學習。

再舉一則最後的實例說明。有一次，我以「變態」（metamorphosis）這個概念挑戰一組學生，並使用「成長」、「改變」及「順序」等術語澄清此概念。以下是這組學生的回應：一位學生在地上將身體緊緊蜷成一顆球，另一位學生背挺直坐在他旁邊、頭向上看；第三位學生跪在坐著的同學身邊，但是高度比前兩位同學高；第四位學生雙膝和身體略彎站在跪著的同學旁邊，而第五位學生則直挺挺地站在第四位同學身旁，並因此比其他四位同學都高了一些。任何注視這組學生的人會看到穩定增加的高度

變化──從蜷縮的人球到完全直立的人類小孩，如此呈現
很精準地表達了「變態」、「成長」、「改變」及「順序」
的概念。這項特別的活動帶有更多的意義和用處，由於終
點高度的扮演者是班上最矮的同學之一，就這一次，較矮
的孩子成為高度的象徵，這是她很少經驗到的事。

摘要類別

技術 09

建造模型
Build a Model

73　　記得模型建造嗎？當你還是學生的時候，你可能使用過球狀泡棉或橡皮糖和牙籤製的分子模型，來創作太陽系的模型；如果你像我一樣生長於一九六〇年代的加州，你可能用過黏土和方糖來製作加州太空計畫的模型。很少人會如此鮮明地記得其他作業，但是模型建造過程就是令人印象深刻。

　　當然，學生必須注意，建造模型的目的是為了學習內容，不是玩玩方糖、黏土、橡皮糖或牙籤。身為教師，我們能引導模型建造的過程，以提示學生反省：為什麼要這樣建造模型，以及就學習內容而言，模型的各個要素代表什麼。

　　「嗨，史密斯老師，檢查一下我建造的磁浮列車。」戴克斯特從教室的另一頭嚷道。

　　史密斯老師向三位八年級學生說明機器人模組成功組合的標準之後，走向教室另一頭的戴克斯特。

　　「嗨，戴克斯特，告訴我你的設計。」史密斯老師說。

　　戴克斯特開始回答：「好，我的磁浮列車模型有三樣東西。第一，我有導航系統，這些高速的木製欄杆隨著磁浮列車的軌道鋪設，它們能保持浮動磁鐵的穩定。」

「為什麼需要這個？」史密斯老師問。

「磁鐵會互相排斥，浮動磁鐵在磁鐵軌道上行駛好像浮在泡泡上一樣，因為互斥力是全方位的，如果我不增設這些護牆，浮動磁鐵會被推擠到旁邊去。」戴克斯特回答。

史密斯老師說：「很好，但是真正的磁浮列車會使用什麼？碰撞到木牆會引起摩擦和損害。」

「在旁邊護牆上也有互斥和相吸的磁鐵。」

74

史密斯老師點點頭說：「我們如何稱呼像在泡泡上的浮動？」

「懸浮。」

史密斯老師點點頭說：「磁浮列車的最後一項要素是什麼？」

「推進力。」戴克斯特回答。他在軌道的起點輕輕放下一塊扁平的磁鐵，磁鐵上面貼著一部由彩色索引卡碎片做成的小型法式磁浮列車。

「很可愛。」史密斯老師露齒而笑。

戴克斯特微笑著說：「這是座位，附設的小餐桌已經立起並固定好，請勿抽菸。」以手指輕輕一彈，他將磁鐵啟動，使其沿著鐵軌而去，然後說：「車站已經淨空了。」磁鐵很平順地滑過四呎長的鐵軌，並在撞到終點捆成一束的毛巾後突然停止。「列車進站，一號鐵軌，戴克斯特特快車。」

史密斯老師咯咯地笑說：「好，列車長，這個模型的推進力機制是什麼？」

「我的手指。」

「真正磁浮列車的推進力機制是什麼？」

戴克斯特想了一會兒才說：「是牆和軌道上都有電氣線圈嗎？」

史密斯老師再次點點頭：「所以？」

「所以真正的磁浮列車會動，是因為操作員對列車前方和後方的磁力線圈輪流輸入電流。」戴克斯特說。

「這樣做改變了什麼？」史密斯老師問。

戴克斯特回答：「電磁線圈的正負極，前方的線圈吸引列車底下的磁鐵，而後方的線圈則同時排斥車底下的磁鐵。得到這樣的推力，列車就往前動。」

史密斯老師說：「很棒，戴克斯特，你抓到要領了，現在如何做出你剛才敘述的動態模型？」

75

「你是說做一個模型，它有能夠同時替換正負極的側邊和軌道磁鐵？透過使用電氣線圈？」

「對，使用小的、自製的線圈，沒錯。」

戴克斯特停頓了一下才說：「我不知道，你的學生曾經在課堂上做過嗎？」

「沒有，你是第一個。」史密斯老師回答。

「做得出來嗎？」戴克斯特問。

「我不知道，如果動態模型行不通，你可以做靜態的模型，並以許多箭頭表示推進的力量，你可以用它來向全班說明磁浮列車的概念。兩種模型都可以。」

戴克斯特看看地板再把目光移回教師身上：「什麼時候要交這份作業？」

「本週結束之前，就這麼說定了？」

戴克斯特點點頭說：「好！」而他的心思已經開始在尋找電氣線圈的資源。

戴克斯特所做的模型就是他的摘要，此模型應用他在物理課學習到的知識。他在閱讀及聆聽磁動力列車的資訊後，建造模型來探索這項概念，如此的互動比回答各章習作問題學到的可能還要更多。

概念和資訊的操作導致學習，認知理論的專家告訴我

們，必須改變和資訊的互動才能學習到資訊。這意味著如果閱讀資訊，我們必須透過談論、書寫、繪畫、舞蹈或其他閱讀以外的互動方式，才能夠處理資訊。建造模型提供了一項高度有效的互動方式，它不只適用於觸覺型和動覺型的學生，也適用於我們所有人。

基本程序

　　首先，考慮你正在教的那些持久的核心概念、事實或技巧，然後找出可透過某種模型表達的部分，即使你現在尚未想到特定的模型。請記得，模型不一定是三度空間的建構，也可以是紙上的繪圖；它們也不一定是靜態的，有些模型只有在物體是運動狀態之下才存在。雖然課程有些部分可能不適合建造模型，學生還是會找到建造模型的方法——而且是好的方法！

　　指定學生做模型，或者給學生使用模型做摘要的機會。確定學生有足夠的時間和資料去計畫、繪圖或建造，以及向全班說明其模型——每個步驟對這項摘要技術的效能都至關重要。

　　當學生在做模型時，教師不必遲疑於密切監控學生以及詢問引導的問題。建造階段不適宜讓他們單飛；如果教師等到學生呈現完成的模型時才加以指導，將會錯過最佳的學習時機。教師也要展示學生完成的模型，以利他們能以實質的方式彼此互動。

變化與擴充應用

　　想像透過建造下列原理和概念之模型，可能產生的摘要與互動：

・美國聯邦政府之間的制衡

76

- 分子及特定的連結
- 光合作用
- 槓桿與滑輪
- 拋物線和飛彈的彈道
- 莎士比亞環形劇場
- 細胞的呼吸
- 勸說文
- 戰略
- 大量移民時期的人口增加及接踵的資源枯竭
- 腐蝕
- 畢氏定理
- 巴斯卡三角形（Pascal's triangle）
- 波義耳定律（Boyle's law）
- 77 詩的押韻型式
- 亞里斯多德的修辭三角形（rhetorical triangle）
- 比例
- 速率＝距離除以時間
- 政府制度的符號式描繪
- 緯度和經度
- 特定生物群系的陸棲植物育養箱
- 新陳代謝
- 免疫系統
- 心肺復甦術
- 幾何級數
- 概念的集合與次集合
- 斜率及 y 截距
- 電腦程式設計、流程圖
- 對話與人的互動

技術 10

營隊歌
Camp Songs

還記得那首老歌嗎？關於周圍長滿綠色青草的一棵樹 78
椿，而樹椿長在由某個地洞冒出的樹幹上。這首歌以一句
句的歌詞構成，唱出來時愈增古怪的心象漸次加入，其中
一段是這樣唱的：喔，有隻蟲在花蕾上，花蕾長在小樹枝
上，小樹枝長在枝條上，枝條長在大樹枝上，大樹枝長在
樹椿上，樹椿長在樹幹上，樹幹長在洞裡面，洞在地面
上，綠色青草到處長、到處長，隨著綠色青草到處長，
嗨！（Well, the bug on the bud, the bud on the twig, the twig on
the branch, the branch on the limb, the limb on the tree, the tree in
the trunk, the trunk in the hole, and the hole in the ground, and the
green grass growin' all around, all around, with the green grass gro-
win' all around, Hey!）

這首歌對記憶一長串事物是非常好的記憶工具，而營
隊歌摘要技術正如其名：教學生少數幾首營隊歌的旋律，
再要求根據上課內容創作新的歌詞。不妨想像使用這首綠
草歌來幫助學生複習與記憶學習內容，例如分類、時間
線、事件先後順序、實驗程序，或是特定分類中的元素。

基本程序

先祝你玩得愉快！從你小時候學到的營隊歌，或參加
夏令營時圍著營火唱的歌曲中，選出一首，然後教學生唱
熟旋律。下列這些歌都適合替換歌詞：

- "Green Grass Growin' All Around"（綠色青草到處長）
- "Lion Hunt"（獵獅子）
- "This Old Man"（這個老頭）

79

- "On Top of Old Smoky"（在老斯莫基山頂上）
- "I've Been Working on the Railroad"（我在鐵路工作過）
- "Puff, the Magic Dragon"（魔龍帕夫）
- "My Darling Clementine"（親愛的柯蕾曼婷）
- "Home on the Range"（牧場上的家）
- "The Yellow Duck Song"（黃鴨子之歌）
- "Little Bunny Foo Foo"（小兔福福）
- "Titanic"（鐵達尼號）
- "Patsy-Ory-Ory-Aye!"（火車鳴鳴）
- "Head, Shoulder, Knees, and Toes"（頭兒肩膀膝腳趾）
- "I Am the Musicanner"（我是音樂能手）
- "Father Abraham"（亞伯拉罕爸爸）
- "My Aunt Came Back"（我的阿姨回來了）
- "Boom-Chicka-Boom"（碰嘰喀碰）

（譯註：中文可用的營隊歌亦不少，如「朋友祝福你」、「說哈囉」、「青春舞曲」、「頭兒肩膀膝腳趾」、「伊比亞亞」、「潑水歌」、「捕魚歌」、「好朋友」、「快樂歌」、「問候歌」、「榮譽在我心」等等）

　　只要學生已經記得節奏，可要求改變歌詞以反映其最新的學習結果。教師可以示範放聲思考（think-aloud）使學生了解歌曲聽起來的感覺，或者由教師自己寫幾段歌詞以引導學生開始。如果是第一次運用改寫營隊歌的技巧，最好是由全班一起寫整首歌的歌詞；雖然一般而言分小組創作的效果最好，學生可以學到更多，而且「寫歌」的速度更快。

　　縱然這項技術帶有藝術的要素，教師應當了解歌曲本身不是目的，學生創作歌詞時的言談才是目的，而討論時的噪音也可以促進創作。當學生準備要演出時，教師無論如何都必須要求複習新歌詞，以確定所有事情都盡可能正確、清楚、完整。

　　當每一組表演時，要求其他學生評論其正確性、清晰性及完整性。如果可能，將歌詞複印幾份讓全班做為學習歌曲主題的材料；如果可行，可在學校刊物刊出這些歌曲。

變化與擴充應用

　　其他的歌曲類型，擴及到詩詞，也都能發揮作用。即使教師個人不喜歡饒舌音樂，仍可考慮要學生將課程內容編成饒舌歌，畢竟饒舌音樂深入學生的生活，教師宜接受它做為正向的教學工具。饒舌音樂因具有節奏重複和內容豐富的特性，使其非常適合於學習新的教材。再次，教師必須謹記，最佳學習效果在饒舌歌的創作過程中產生，而不是對全班表演饒舌歌時。

　　藍調是另一種很適合班級教學應用的音樂類型。可在課堂上播放一些藍調音樂，任何歌曲皆可，包括從藍調兄弟（Blues Brothers）活潑的拍子到比比金（B. B. King）在憂傷的哀歌中唱出他為遺憾的事而鬱卒。當學生聆聽時，提供學生複印的歌詞以幫助其了解歌曲的結構。只要學生「覺得鬱卒」時，可要求他們選擇及模仿一首藍調風格的歌曲，來描述這週的學習內容。然後，教師可以坐下來聆聽學生以「我得到多重加倍的憂鬱」（I've got the multiplyin', mixed-number blues）這首歌或者以「細胞人」（Cell Man；將 Soul Man 這首歌的主題改為細胞學）的舞曲節拍做真情表白。

　　別忘記 Seuss 博士（譯註：美國當代兒童文學大師，

80

作品以鮮明的節奏和韻律取勝），不同年紀的學生都認為 Seuss 的詩句非常有趣，而受 Seuss 影響的詩作引起文法專家、電腦專家、政治人物及眾多上網人士的興趣。當學生在設計數學事實資訊的 Seuss 譯法、古埃及人的貢獻或花的結構時，教師應該讓他們分享樂趣。如果學生需要範例，教師可以將 Seuss 的故事做幾頁的改寫，加上新的歌詞但保留原來的結構。改掉原來的韻律和音節並無妨害，只要這首詩有清晰的押韻而且拍子與正確的內容符合，它就有用。喔，你將開始取得成功了！

迴轉式腦力激盪
Carousel Brainstorming

技術 **11**

這項技術需要學生站著、移動及相互交談。　　81

基本程序

　　首先，在整間教室掛上白報紙或海報板，板上貼有和本週學習有關的引用句、問題或概念；接著將學生分為四至六人一組，每一組學生領到不同顏色的麥克筆、黏土或鉛筆，並被分配到一張海報板前面。

　　教師要求學生在海報板或白報紙的空白處，根據其上方的主題寫上有關的概念，學生可能被要求列出某一事物的特性、考量一項議題並形成意見，或者比較一件事物與其他的異同。無論海報上的要求是什麼，都需要全組學生一起複習這週所學資訊。當每組學生到達下一張海報之後，必須先看過前面其他組所寫的答案再做回應。

　　使用這項技術時，保持活動的進行很重要。教師可以設定回答每張海報問題的時限，對小學生而言一至兩分鐘已經足夠，但是中學以上學生可以設為每張海報五分鐘或更久。教師開始計時後，各組即應開始他們的任務；時間到時，所有學生移動到下一張海報；然後教師再開始下一階段的計時。如此進行至各組都回答過各張海報的問題之後，教師可要求各組學生向全班摘要其所在位置的海報內容。

變化與擴充應用

為增加挑戰和責任，教師可要求各組從每張海報記錄
兩則要點，並寫成一份以這些要點架構的完整概念摘要。
不要忘記學生心智的藝術或建構式部分，有些主題以心智
地圖的方式呈現在海報上可能最好，各組可在海報中大家
共同建構的心智地圖上，加入其他的序號、箭號、符號或
擴充內容。

另一種變化應用是要求學生各自表示立場：每位學生
先思考每一道問題的提示，然後站到最能表達他對某個主
題的意見或思想狀態（state of mind）之海報下。當學生分
別聚集之後，教師可以要求各組的少數代表說明其立場。

如果要更容易實施，教師可要求學生分小組坐下，一
組一組傳遞問題提示單，如此，學生就不必跑遍整個教
室──這樣做有利有弊，視情況而定。

手勢字謎遊戲
Charades

是的，老式的派對遊戲成為做摘要的新技術。提出線 83
索的學生必須將概念或事實資訊的基本屬性表達出來，而
猜題的學生則必須根據其所知，分析字謎的表演。兩者都
是贏家。

基本程序

將學生分成兩隊，要求兩隊的每位學生各找隊中的一
位同學組成配對，或者三、四人組成一組。教師將字條分
配給學生，字條上寫著教過的概念、事實資訊或技巧，並
要求各小組討論他們收到的主題及這些主題的基本屬性。
以上是第一回合的做摘要活動。第二回合的做摘要活動，
發生在學生重新看過他們列出的屬性以決定一套啞劇動作
來表現各主題時。在整個過程中，學生必須非常小聲說話
以免被其他組無意聽到，這可能表示著教師需將全班帶到
其他場所或學校操場，以便學生能分散開來。

當每位學生都準備好了，將兩隊學生再集合起來，由
隊中某一組的成員向同隊其他組的隊友表演啞劇，如果隊
友能猜到表演的謎底就獲得分數。不過，教師應考慮禁用
典型的手勢字謎提示動作，如「聽起來像是」、「電視」、
「電影」，以及手指碰觸前臂代表音節數；另外，要確定
學生在遊戲的每個步驟都以學習內容為準，創造單純的表
達方式。（譯註：國人慣用的提示動作是伸出數根指頭代

表總字數是多少）

84　變化與擴充應用

　　類似的遊戲 Pictionary®是手勢字謎的衍生版。若要取代啞劇動作，學生可以畫出主題的線索，但不得使用數字、手勢、說話或指向周圍的任何物件。這通常非常有趣，當我的學生如此複習教材時，他們總是要求再做一次。

　　附帶地，如果教師想要使用更細節的規則，手勢字謎和Pictionary的正式遊戲盒可在任何的玩具店買到，不過，我們在小時候學到的基本派對版本，已經能滿足做摘要之需。

技術 13

具象拼寫
Concrete Spellings

摘要類別

　　融合藝術與文字內容，可以成為一種容易理解的做摘要方法。在這項技術中，學生「以字詞外形的意義」寫下關鍵概念的字詞。其想法類似具象詩（concrete poetry），這類詩句的撰寫在用字形摹仿所探討的主題（例如，有關樹的一首詩將詩行排成樹狀，有關金字塔的一首詩將詩行排成金字塔）。在具象拼寫的活動中，學生使用能塑形的字母來拼寫字詞，以表達其意義（見圖 16）。如果拼寫的字是"tall"（高），其寫在紙上的字母就會比較高；如果這個字是"analysis"（分析），其字母就會分解為幾個小部分以顯示其要素。

85

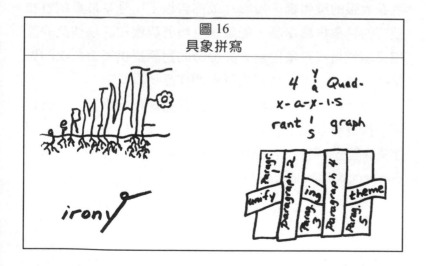

圖 16
具象拼寫

86 ## 基本程序

對學生呈現教室教學的內容與技巧之後，教師指出基本的字彙術語或提醒學生這些字彙。然後，要求學生以顯示字義的方式拼寫這些字，並且先提供一些實例，例如部分的藝術作品、部分草圖、所有的定義等──這些實例的示範可以採用許多方法。在學生草繪、修正及完成他們的概念藝術作品時，就產生了學習。

變化與擴充應用

雖然我通常將具象拼寫用做個別的學習活動，但是允許學生分組商議及組成小組分享想法，會是很好的複習方式，而且有助於激發學生的想法。

如果學生有些遲疑，教師可能需要實施全班的具象拼寫活動。教師可在黑板或投影片上寫出一、兩個字，然後要全班學生腦力激盪想出「具體」拼寫這些字的可能方法，並要求他們創作一些拼寫的草稿。到了第二天，要學生在大張的壁報紙、投影片或佈告板上，分享最具創意和技巧的具象拼寫作品，並讓學生藉著觀察和評論彼此的詮釋來瀏覽這些具象拼寫。評論時的對話提供了第二次的做摘要經驗，超越只是產生拼寫的作品。

學生自己會將這項練習帶到其他課程的學習，因為這項技術既有效又很有趣。若想得到更多關於應用圖畫表現字彙的靈感，可看《字彙通》（*Vocabutoons*）一書（Burchers, Burchers, & Burchers, 1996）。

技術 **14**

設計測驗
Design a Test

　　每個人喜歡偶爾扮演教師的角色，因此大部分學生喜 　87
愛設計測驗這項技術，尤其如果教師能在真實的測驗中採
用學生創作的測驗。想出教師可能使用的問題提示及可能
的正確答案，能幫助學生聚焦在期望的學習結果，並使得
複習似乎不再是令人討厭的工作。

　　這項技術同時也能促進有益於教學與評量的課內討
論──包括討論能同時幫助學生與教師的後設認知測驗。
教師應讓學生深思這些問題：教師為何教學以及為何要評
量教學的方式？評量對任何人都有用嗎？對於學生的所知
所能，我們如何獲得更正確的了解？

基本程序

　　向學生說明教師如何想出測驗問題，然後呈現有效的
和無效的問題，並要求區辨什麼是使測驗問題有用的因
素。接著，複習不同類型的問題，並要求學生當場創作一
些樣本問題，學生可能採用的問題型式包括單選題、是非
題、簡答題、填空題、配對題、作圖題（diagrams）、短
文、類比，甚至發明一些將教師所測驗的事實或概念併入
的新題型。教師應提醒學生必須平衡建構式反應題目（con-
structed-response items）和限制反應的題目（forced-choice
items）。前者是指測驗參加者自行產出資訊和應用，如簡
答題、小論文、填空題；後者則指測驗參加者從一組選項

中選出一項反應，如單選題、是非題、配對題。

88

當學生已經熟練關於有效評量題目的基本概念時，要求每位學生設計兩題測驗問題，並與另一位同學相互分享和評論。學生應同時討論測驗問題和有效的答案，藉著回答自己出的試題，學生能了解試題的弱點，然後修正這些題目或放棄這些題目。

當學生有兩道完整的試題及答案之後，要求他們為目前所學學科創作精製的隨堂測驗或正式測驗，教師可以鼓勵他們使用不同的試題提示和格式，有些可以是傳統的、有些可以創新。教師也可以宣布，如果敘寫完善的試題被教師決定用在真正的測驗中，試題的作者在該測驗將獲得加分。

變化與擴充應用

這項技術的應用有許多彈性。你會讓學生回答他們自己出的或同學出的測驗題目嗎？或者讓他們在複習時只能回答少量自己出的試題？你會讓他們就像參加考試一樣必須寫出答案，或者只需要和同學口頭複習答案即可？

不同的情況指向不同的決定。雖然據我的經驗，如果學生相信他們自己需要回答這些問題，他們會猶豫是否要創作答題費力的那類複雜試題。通常最好先要求學生選擇一位夥伴，並要他們彼此檢查試題，他們可以討論正確的答案，但是只需寫出改進試題的建議。

每次我對學生使用這項技術時，他們都創作出非常棒的試題，我也發現，無論年級或學科，學生對於考試產生了我物感（sense of ownership）並且更認真看待考試。有些學生在確認試題考慮周到、在討論學習內容時，的確對於使試題符合課程的學習經驗發生興趣。我不禁想到培育未來教師的種子已經種下了。

摘要類別

技術 15

排除式腦力激盪
Exclusion Brainstorming

　　學生喜歡這項技術的原因是，其過程好像扮演偵探、　89
好像在搜尋犯罪的模式，而教師如果認為需要，還可以讓
這項技術更具競爭性。應用時，學習的重點是學生依據哪
些理由回答某些字詞不該被包含在內，這是教師應該強調
的學習經驗。

基本程序

　　在投影片或黑板上寫下主題，接著列出一系列字詞
（或短的片語），除了其中一個字詞之外，其他都與主題
連結或「與其一致」；教師也可以事先在紙上寫好並複印，
以便上課時發給每位學生一份。學生的任務是在無關的字
詞上畫一條線，並將有關的字詞圈起來，然後由「腦力激
盪員」（brainstormer）說明為什麼圈起來的字詞和主題有
關，而劃掉的字詞和主題無關。圖 17 顯示一位上科學課的
學生如何在字詞上做記號。

圖 17
排除法腦力激盪

混合物：複數的、可分開的、溶解、無配方
化合物：化學合成的、新的性質、有配方、非合成
溶液：異質混合、溶解的粒子、飽和與不飽和、熱度增加
懸浮：清楚、未溶解、不流動時就沉積、比分子大

90　　根據是否進行前測或後測評量，教師可將這項活動安排在課前或課後實施，關鍵在於選擇的字詞必須有目的，你認為能驅使學生思考概念與關係的那些字詞，都應該納入。

變化與擴充應用

這項技術很容易適用於不同的學習準備度。教師可以選擇和主題有極微妙連結的字詞，或者連結非常明顯的字詞，完全視學生的需要而定。而區辨字詞與主題的「連結」也可以替換為標示所有字詞的「類比」關係，例如同義字、反義字、子集合、例子、分類、強度上升的指標或強度下降的指標等。

技術 16

弗瑞爾模式
The Frayer Model

弗瑞爾模式的應用已經超過六十年，《有效的教室教　91
學策略》一書最近曾加以介紹。圖18顯示其組織結構。

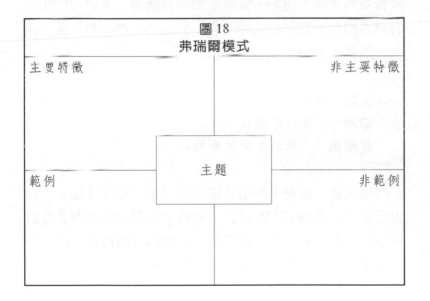

圖18
弗瑞爾模式

主要特徵	非主要特徵
	主題	
範例	非範例

基本程序

在弗瑞爾模式圖表組體的中央部分，讓學生記下要摘
要的主題。在左上角，學生列出的主題屬性應該是所學單
元的基本有關屬性（主要特徵），它們是學生將要學習的
關鍵定義，例如主題若是「積雨雲的形成」，學生必須列
出類似「大的、通常形狀像鐵砧、發展成很高的高度」等

基本屬性。

92 在非主要特徵一格，學生應該寫下「由小水滴構成、白色、灰色、有時預告將有壞天氣到來」。雖然這些特徵很有趣，但是對於理解這個主題較不重要。而學生可以在任何方格畫上適當的圖解。

在弗瑞爾模式下半部的方格中，學生應在左格適度畫出積雨雲的形成，右格則畫出非積雨雲的形成。視摘要的主題和學生的發展水準，教師可以要求學生畫出和正確範例略微有差異的非積雨雲，並要求學生以簡短的說明文字解釋這些差異。例如，當學生學習直喻時，他們可以在左右兩邊的格子寫下相同的內容，但是在「像」和「是」兩字分別畫上底線。

主題：直喻

範例：「生命像車輪」

非範例：「他的生命是車輪」

請注意，我並未指出什麼是非範例（隱喻才是），只說它是「非範例」，所有在上述模式中列出的舉例全都根據它是否為直喻而定。我們的心智傾向依據既存資訊的相似度來保存新資訊，而不是依據差異程度，如果在這個例子中，我將「非範例」的標題改為「隱喻」，學生可能會將主題和非範例搞混了。為避免混淆或不正確的推斷，以弗瑞爾模式做摘要的所有內容都應該依據寫在中央方格的主題，教師不宜在非範例或非基本特徵的方格內使用常被混淆的字彙術語。

變化與擴充應用

雖然這個模式建議使用視覺圖像作答（如畫圖），教

師可以考慮要求學生利用其他形式或媒體作答，例如弗瑞爾模式在學生建構的網站、錄影短片或圖書館和教室的展示中，都能發揮生動描繪的功能。學生也可以在公開演說或戲劇表演的人物獨白中，表達範例與非範例，或者基本的和非基本的特徵。何妨藉由音樂作品表達事物的基本的和非基本特徵？如果班級學生已經準備好，又何妨透過造型黏土的雕塑表達弗瑞爾模式的四項分類？

93

摘要類別

技術 17

人人賓果
Human Bingo

94　　這項技術結合能證明學習內容精熟度的常見遊戲，也是各年級和各學科教學最普遍喜愛的教學策略，它就像手風琴，教師可以根據班級規模和教學內容需要而延長或縮短活動。

基本程序

確定你已經備妥下列教具：各項任務已經寫在方格內的賓果卡（圖19）、可食的遊戲標示物（見稍後的說明）、原子筆或鉛筆、學生的姓名卡、用來抽出學生姓名的小箱子（碗或帽子）。

發給學生一張賓果卡——五乘五共二十五個格子，設定最中間的一格是「空白」（Free），在其他二十四格分別列出教師要學生複習的各項學習任務，並加上幾項能增加趣味的任務。例如，數學教師可能會在每個格子填入數學問題或術語、英語教師可能為了小說的學習填入術語或概念，以及自然科教師可能填入術語或實驗的規範；增添趣味的事物可以是某些片語，例如「看過（插入最近賣座的電影名）之後」、「打棒球」、「遊行超過五百哩之遠」或「低於六呎高」。

給學生大約八到十分鐘時間跑遍教室，以利讓其他同學在他們的賓果卡方格內簽名，賓果卡的持有人則簽名在中央的空白格內。學生在幫他人簽名之前，必須確定格內

		圖19 人人賓果		
能用身體製造奇怪的噪音	能轉變為多項式：$(x+1)(x+3)$	能示範滴定法	能算出：$\frac{2}{3}-1\frac{4}{5}$	知道光合作用的兩種產物
能定義「_____」	知道南北戰爭的三個起因	知道南美洲國家的首都名	知道在《崎嶇前路》一書中的三個衝突	知道有絲分裂的四個階段
能從網路下載一張圖片並插入到書面報告中	能做出三項被承認的體操動作	空白格	知道三種基本的棒球傳球動作	人稱代名詞、複數第三人稱受詞
能唱出「清水合唱團」所做歌曲的部分詞曲	知道減絲分裂和有絲分裂的差異	知道在做出困難的決定前應考慮的八項因素	知道烏賊與章魚之間的差異	知道計算三角形面積的公式
知道接在 J, F, M, A, M 之後的下一個字母	能正確說出二十四塊人類骨頭的名稱	能畫出生態系能量轉換的過程	能表演「_____」	能列出第一次與第二次大戰的不同

經同意引用自：*Meet Me in the Middle: Becoming an Accomplished Middle-Level Teacher* by Rick Wormeli, copyright©2001。

【譯註：《崎嶇前路》（*No Promises in the Wind*）是美國作家 Irene Hunt 的青少年小說，內容描述美國大蕭條時期一位十五歲的男孩帶著弟弟逃家又終能返家的艱辛歷程。】

的提示他能做到、能解決或能有效回應；如果有幫助，也可讓持卡者在其他一個方格中簽名。

在所有方格都填滿簽名之後，每位學生都坐下，然後 96 教師從容器中抽出學生的姓名卡並唱名，如果唸到的名字出現在賓果卡，學生就在方格內放一粒葵瓜子、M&M、爆米花、動物薄形餅乾或其他可以吃的東西。為什麼標示物必須可以吃？因為它能增加樂趣，如果有位學生贏了賓果，結局還不算太壞——每個人都得吃下自己的標示物。另外，由於現在對花生過敏的學生增多，盡量不要讓學生吃花生。

　　第一位將五個方格連成一線的學生大喊「人人賓果！」之後，要求這位學生將方格內的五個提示和簽名學生的名字唸出來，被唱名的學生必須證明他們有能力做到自己表示能做到的事，例如解決問題、回應方格內的提示等等。如果這五位學生成功完成每一件任務，教師可以宣布這次的賓果連線成功，並讓全班學生吃下他們桌上的標示物；如果被唱名的學生有一位以上無法演示正確的回應，遊戲就繼續玩下去，而且沒有賓果的獎賞。

　　受到繼續玩遊戲（及自己贏得賓果）的動機驅使，當被唱名的學生做演示時，全班其他學生會仔細聆聽以確定他們的回答全部正確，而藉由評鑑同學的回答，學生為自己複習了學習的內容與所學能力。

變化與擴充應用

　　有些版本的賓果遊戲包括「框邊」（picture frame）和「填滿」（blackout），前者是指每個人都試著填滿周圍的方格，後者則指人人都試圖填滿所有方格。如果班級較小或時間較短，教師可以採用三乘三的方格來取代五乘五的方格〔也可用「賓」（Bin）來取代「賓果」的喊聲〕，或者教師能准許學生簽名超過一個方格以上。當教師第一次教學生玩這個遊戲，應安排三十分鐘以上的時間，經過初次的應用之後，教師就能夠在二十分鐘內，以玩賓果做為複習的遊戲或做摘要的策略。

排連續線
Human Continuum

在這項也被稱為「機動的蘇格拉底式研討」（mobile　97
Socratic seminar）的技術中，學生的身體跟著心智活動走
動，他們站起來、走動、辯論、提出證明及學習，而這些
都始自地板上的一條線和教師所問的少數問題。

當學生沿著一條連續線站著時，他們帶著自己的筆
記、筆記簿、文章及其他任何需要的東西，來證明自己的
意見以及就教師的發問尋找支援。對個人的主張提出證據
是一種學術的能力，連同對話的活動，使得這項技術帶有
蘇格拉底式研討的感覺（見第 155 頁關於蘇格拉底式研討
摘要技術的詳細說明）。

基本程序

在地上設一條線（使用長條膠帶或地毯膠帶）或在天
花板上定出一條線（使用粗毛線），由於創造的是一條線
而不是一條線段，在線的兩端加上箭號以比擬成連續線。
在越過箭頭處的一端放上一個大寫的"A"表示「同意」
（agree）；同樣，在另一端放上大寫的"D"表示「不同意」
（disagree）。在這條連續線大約中央的位置，放上一片膠
帶或者與這條長線垂直的一段粗毛線，這個定點代表「我
不知道」或「我不想分享知識」的區間。

連續線必須至少三十呎長才能容納學生的身體，如果
可以，讓它更長一些。若沒有直長形的空間可提供學生列

98

隊之用，不必苦惱，多年來我用的線在教室桌椅之間被踩得傷痕累累，但只要有 A 端、D 端及中點，它就能運作良好。教師也可以在教室以外的場所設連續線，學校的大廳、人行道、穿堂、體育館、餐廳或甚至停車場等，設好交通管制的圓形立錐就可使用，教室的牆壁只是建議使用的設施。

設好連續線之後，就開始使用它。排連續線在教學的任何時間都可運用：可做為前測或準備心智狀態的方法、可用在教學單元中段以查核理解程度、可做為延續之前所學的方法，以及在單元結束時評量理解的程度。以下讓我們假設學生才剛學完一個單元，而教師正在使用連續線幫助學生把所有學到的知識整合起來。

如果空間不足，選出一群學生代表全班參加連續線的活動；如果空間充足，可以在教室內創造兩條以上的連續線，然後將學生分成幾組，各組一條線。這樣做，每位學生都可以參加，而不致於只有十多名學生參加，其他學生只能被動地坐著。確定人數後，教師要求學生自由選擇站在線旁的位置，選定就站好；活動開始時學生站在哪裡並不重要。

活動一開始，教師向學生宣布一項他們目前正在學習的知識，然後要求學生延著連續線移動，以表示他們同意或不同意這項知識陳述。如果學生只是「有點同意」，他們可以稍微朝向 A 端移動，但不必站到 A 端定點；「有點不同意」時，表達方式雷同；如果學生不能理解、覺得困惑或不想回應，他們應該站到連續線的中段位置（或天花板垂下的垂直線位置）。

例如，當教師說：「所有梯形都是四邊形」，學生必須思考關鍵點——「所有」、「梯形」及「四邊形」，接著必須移動。給學生三十秒時間進入位置，當然任何事情

都可能發生：他們可能全部擠在一端或中點、他們可能相當平均地散布，或者傾向一端，而另一端只有兩位學生。無論學生如何分布，教師都可以利用這段可教學的時機。

在每次宣布題目以及學生移位之後，教師分別就不同位置點名一、兩位學生說明其立場，如果他們需要暫時離線以使用黑板說明，或者需要拿些東西幫助解說其想法，讓他們可以行動。如果學生分立兩端，要求他們在說明理由時包括自己的論點和相反的論點；對站在中點的學生，點名一、兩位學生說明他們的困惑；以及，要求只稍微朝向 A 端或 D 端的學生解釋他們的猶豫，或者說明如何能使他們全部移到一端或另一端。

下一個步驟是，要求學生在聽過同學的理由說明之後調整位置。依據新證據而產生修正想法的傾向，是一種思考能力的象徵，教師應該讓學生重新調整；也請記得，學生這時聽信並提高重視程度的知識內容來自於同學，因此，教師必須確定學生傳達的內容沒有錯誤。如果認為學生正做出錯誤的結論，教師在要求學生證明其立場時，必須加入追根究柢的問題（probing questions）。

如果有學生總是跟著所謂「聰明的」學生移動位置，該怎麼辦？要求這些學生為他們的立場辯護。如果教師已經建立隨機點名學生說明觀點的教室文化，人人都知道不能只靠著和公認的「絕頂聰明人」（brainiacs）同夥就一定能答題正確，他們很快就學到，真正不知道答案時，站在「我不知道」區是可以接受、甚至是更好的作法。

這項技術的另一項優點是，幫助教師區分出站在中點「我不知道」區的學生。教師快速掃視一下就能知道哪些學生需要重教一次，接著，以黏貼便條記下這些學生的姓名、其未能理解的概念及今天的日期，然後放在教學計畫冊中，做為明天實施迷你教學的參考；如果超過一半的學

99

生站在「我不知道」區，教師可能要考慮以不同的方法再教全班一遍。若真的全班再教一次，迷你教學的對象可以改成站在正確答案那端的學生，他們需要因材施教的教學以進入下一階段的學習。

變化與擴充應用

以下是兩則教師所宣布題目的實例。兩者都出自自然科，但一則是事實，另一則是意見。

- 「生物多樣性對溫帶生物群落的影響很小。」

- 「來自人類基因工程的益處勝過缺失。」

第一則實例要求學生思考其邏輯，如果他們同意，就表示他們認為生物多樣性的影響很小；如果不同意，就表示他們認為生物多樣性的影響很大。學生必須對這類的討論有所準備，並且隨身攜帶證據來支持他們的陳述。

在第二個例子中，教師要求學生表示意見。學生依然必須有具體的證據來說明他們為什麼相信自己的意見，並且必須在討論中使用這些證據。除了應用筆記、筆記簿及文章之外，學生是否被允許分享個人的宗教信仰？當然可以。宗教信仰是學生生活世界的一部分，教師不是在灌輸學生接受任何一種信仰，而是導入各項他們可能應用的要素，以助其形成思慮周密的回答，而聆聽同學的想法對學生非常有用。

附帶地，我曾經見過一位學生本來站在中點的位置，卻在等待討論、等待接下來的問題時，快速從一端跳到另一端。當下看到這種情況，我的第一個意向是要說些嚴厲

的話，比如，「曼尼，停止像那樣跳來跳去，遵守規則，不然你就去坐在位子上！」不過我放棄了那種回應，代之以問他到底想表達什麼。我以為他是因為猶豫不決，但我錯了。曼尼解釋說：「我能了解兩方的意見，在某些情況下，我不同意；在某些情況下，我同意。」

雖然技術上曼尼因為沒有選擇任何一方而違反規則，但我不打算訓誡他，這個時候應該肯定曼尼，因為比較那一整天裡所有學生曾做出的回應，他的回應最具思考能力。純粹黑白分明的情況非常少，真正的思考者才會看出灰色地帶，並且決定偶爾打破成規以探索其他的概念。曼尼將會成為帶有如此思考能力的有用公民，我讚許他之後繼續課堂的討論。

在另一個例子中，我詢問學生下列句子，這些句子和其閱讀的 Remarque《西線無戰事》有關。

- 「嚴苛的訓練者為將赴戰場的士兵製造出最有效的訓練者。」

- 「根據作者 Remarque 的看法，嚴苛的訓練者為將赴戰場的士兵製造出最有效的訓練者。」

學生應該沿線移動位置以反映其想法，也應該帶著這本書，而且書中用黏貼便條強調那些能提供理由證明的引述，無論學生如何回應，他們必須使用該書的句段辯護其立場。然而看看這兩則例子的提示，第二個提示說「根據作者」，而第一個則否。在第一則提示中，情況對學生具有威脅性，因為它問的是學生個人怎麼想；但在第二則提示中，情況不那麼具威脅性，因為它要求回答作者的想法。不帶威脅性的情況會使人支持更多的冒險決定，甚至

101

對內向的人而言也是如此。陳述他人怎麼想是安全的；但當我們分享個人想法時會變得比較易受傷害。教師應該思考如何架構發問問題，在某些情況下，教師架構問題的方式能釋放學生的思考；但在另一些情況下，它會束縛思考。

我也曾經對成人應用過這項技術，例如當教師同儕在考慮新的教學方法、總課表（master schedule）以及數學課的同質或異質分組時，其實施效果一樣好。這項技術甚至可用於品格教育，比如以下實例：

- 「為了保護一個人的情感，偶爾說些善意的謊言沒有關係。」

- 「如果已經理解概念，抄襲別人的作業不算欺騙，我們不需要做教師認為需要的練習。」

由於具體而多元，排連續線是一項受到師生歡迎的活動。它是另一種符合天生社會人（social brains）需要的方法，也能讓學生離開座位、釋放骨頭成長板的壓力、伸展其肌肉，並允許他們在站立的位置上深思熟慮地交談──這是學生在學校很少做但值得學習的事。畢竟，你我的學生需要對未來的所有辯論做好準備，包括在美國國會、在聯合國，以及和鄰居隔著後院圍牆的辯論。

內外圈
Inner or Outer Circle

技術 19

這項活動通常見於教會青年團體和成人的專業會議，102
但也適用於各年級與各學科的學校學生。它也是另一種使
人離開座位、使人在整個室內移動的方法，而且移動方式
會使流向大腦的血液增加——這對教師和學生而言永遠是
正向的好事。

基本程序

要求全班一半的學生站著圍成一個人圓圈，臉朝向圈
內，兩個人之間的距離大約是一個身體寬（二至三呎）；
如果教室空間無法容納這樣大的圓圈，把學生帶到室內或
室外空間足夠的地方。接著，要求另外半數的學生在第一
個圓圈的中間圍成第二個圓圈，內圈的學生以面對面方式
朝向外圈的學生站立，內、外圈每一對學生的距離要近到
可以對話，也大約是二至三呎。如果排列適當，它能創造
出一個內圈和一個外圈，外圈向著中心而內圈朝外。

教師可以把兩個圓圈想成齒輪，其中一個在另一個的
外部移動。至少在第一次時，先選擇一個齒輪保持不動——
當另一個齒輪在移動時；之後，可以讓原來不動的齒輪一
起移動。例如，讓內圈的齒輪在原位不動而只有外圈的齒
輪移動。

當學生在第一次的位置時，教師可要求面對面的夥伴
相互回答有關最新所學知識的複習問題。如果可能，使問

題的可能答案不只一個，例如「為什麼南北戰爭前，南方要脫離聯邦政府？」或「重力如何使行星維持它們的運行軌道？」；不要問一兩個字即可回答的問題，如「誰是《蒼蠅王》（*The Lord of the Flies*）的作者？」每題給學生三十秒鐘或兩位學生共一分鐘的回答時間，依據學生的特定需要，可允許更短或更長的回答時間。

103

當時間到時，要求外齒輪或外圈學生向左或向右移動超過若干人數，如果可能，記錄你讓學生移動到哪裡以免重複配對。當學生到了新的位置，要他們問新夥伴另一個複習的問題，並繼續活動的程序。從任何地方開始繼續此活動十到二十分鐘，然後要求學生回到座位坐下，並花一些時間聽取學生彙報他們的回答和感覺。

這項活動的附加益處是，它對通常不互相說話的學生提供了互動的方法，除非沒做功課或未參與之前的學習，他們在活動過程若無法答題，並不會覺得難為情，而這時，教師可以鼓勵這些未答題的學生問他們的夥伴追根究柢的問題，直到配對問答的時間到了。

變化與擴充應用

以下是一則變化應用。首先，將全班分成兩半，或者為了變化將男生和女生互相配對（但人數可能不相等），其中一組學生每個人分配一個英文字母，另一組則分配數字，讓其中一組形成內圈，另一組形成外圈，兩圈以相反方向移動。

教師大聲叫出一個字母和一個數字（為了配對），然後問一個問題，首先正確回答的學生留在圓圈中，另一位學生則離開圓圈。教師不需要淘汰學生，但這個方法賦予遊戲不同的「感受」，若真的要移走學生，記得去掉他們對應的字母或數字。（譯註：離開圓圈的學生若再被點到

名且回答正確，可以重新回到圓圈內。）

　　再者，如果教室空間不足以形成圓圈或教師無法重新安排空間，可以讓學生回到座位以進行這項變化的活動。

摘要類別

技術 20

拼圖法
Jigsaws

104　　記得 John Godfrey Saxe 有名的詩嗎？詩中六位來自印度斯坦（Indostan）的盲人遇見一隻大象，他們觸摸大象的不同部位之後，就只依據觸摸到的部分，很快判斷大象是什麼樣子。例如，摸到耳朵的認為大象是一把扇子，摸到象腿的認為大象是一棵樹，而摸到象鼻的則認為大象是條蛇。讀者都了解，如果他們相互合作把每塊拼圖合在一起，對大象會有更正確的定義。

　　拼圖法以同樣方式運作。它為學生做三件事：在合作學習的任務中使他們相互依賴、引導他們發現事實，以及將學習任務分成可處理的更小區塊。如果小組的學習任務是了解歷史事件、國家、個人、數學或科學概念，每位學生會分到小於主題的內容區塊，然後在各自研究和做摘要之後，將所學教給其他成員。當每個人分享其負責學習的知識真相之後，所有成員將會了解全部內容並更接近真相。

　　應用這項技術，學生不必耗費大量的個人研究就能學習複雜的教材，當然，他們必須信任同學的摘要是正確的，而且彼此承諾才能形成互信的學習小組。身為教師，我們能監控學生實踐承諾。

基本程序

　　教師先提出各小組將學習的大主題，此主題可以各組皆同或不同。接著，幫各組確認大主題之下的次主題，或

105

者依據學生需要，告知其負責的次主題是什麼。例如，如果主題是德國，各組可能選定下列次主題來研究：文化、地理、工業、金融制度及政治制度。每位學生獲得一個次主題並研究它，然後準備一份精心寫就的資料摘要帶回小組。學生的獨立研究可以花費幾天或幾週，或者，將獨立學習的任務，限定為利用課堂時間閱讀並消化教科書的一小部分。

當學生準備在組內分享所負責的那塊拼圖時，如果時間允許，教師可以要求學生先提供書面或視覺資料，然後再進行全組的拼圖區塊分享活動。

為使各組聚焦在學習任務上，教師可以考慮要求學生創作成品，俾讓他們證明拼圖活動的學習結果。學習成品可以採用多種型式，包括複雜的矩陣或圖表組體、由各方面少數事實構成的短篇摘要、表現各次主題資訊的小組藝術作品，或者反映學生在組內心得分享的一兩件學習紀錄。教師可以鼓勵學生在發表時互相問問題；請記得，發表的學生已經成為這組在次主題方面的小專家。

變化與擴充應用

拼圖活動能產生極好的合作學習經驗，但教師不宜將應用限定在只有實施正式合作學習活動時。這項活動的摘要技術能符合心智的社會互動需要，每位學生成為一位教師，而學習的負荷被善加分工以克服困難。

摘要類別

技術 21

學習紀錄與日誌
Learning Logs and Journals

106   有時，教師給予學生的更大贈予是提供一套初步的核心知識，但是隨即向他們說明，知識並不總是如此固定，知識是流動的，取決於脈絡、時間及想像力。學習與其說是結果，不如說是過程，藉著要求保持一份個人學習經驗及反省的紀錄或日誌，教師能使學生盡可能善用其學習過程。這類策略是幫助某些學生成為終身學習者的關鍵，再者，學習紀錄及日誌提供了深入細看學生想法的機會，並能幫助他們監控自己的理解。

我常常交互使用「紀錄」（log）和「日誌」（journal）這兩個術語，因為兩者描述同一策略——要求學生在筆記本或其他媒介記錄事實、觀察所見及概念，並且再寫上對於這些紀錄的評論和反省。然而學生不一定要使用筆記本，個人數位助理（或掌上型電腦）（PDA）、電腦日誌、錄音、光碟（CD）、錄影及其他形式的媒體，都是傳統手寫日誌的可能替代物。

基本程序

雖然建立日誌有許多方法，但都要求在幾天或幾週之內產生多項紀錄。使用日誌的第一個步驟是提供學生一項學習經驗，並要求他們在日誌中記錄其精髓。日誌項目的形式可以是聽講的筆記、數學問題及其最佳解答的記述、牛頓運動定律的圖解、傑弗遜（Jeffersonian）經濟學特點的

一覽表等等。對學生而言，重要的事情是在是日誌中記下事實資訊以利隨手查閱。

　　其次，提供學生一項提示或幾項可選擇的提示，讓他們可以個別回應。提示的設計應盡量要求學生考慮事實資訊——他們剛剛以新而深思的方式記錄下來的資訊。以下是一則提示的實例，這則實例可提供給對於一九五〇年代的麥卡錫主義（McCarthyism）才剛完成閱讀和筆記的班級：

107

　　「在美國的一九五〇年代，是什麼樣的生活要素使得麥卡錫主義如此廣泛為大眾接受？這些要素今天存在嗎？若存在，在何處及如何作用？我們對於這些要素能做些什麼？」

　　請注意，上述問題並不單純，對於回答「什麼是麥卡錫主義？」，學生必須使用其學習中的、關於麥卡錫及其時代的知識來構成回應。教師可要求學生把上述提示記在日誌中，然後盡量以直截了當的方式在提示下做出回答。快速寫下短句就足夠了，結構、標點及潤飾是其次的考慮。

　　創作內容紀錄以及寫出個人的回應，是做摘要與學習的重點之一，其次、且有時更有效的重點是，要求學生和他人討論其回應。當學生以這種方式分享，他們將能看出自己所做和同學的相關性，並能注意到自己曾形成的錯誤概念。學生在參與全班討論之前，能先獨立做回應，然後再和夥伴或小組討論其回應，將會有最佳的學習表現。

　　在討論之後，教師應鼓勵學生依據最新所學，回頭澄清或修正日誌的內容。教師第一次介紹依據新證據修正想法的概念時，應使用放聲思考的經驗示範幾次，以向學生證明，的確，學習是流動的。

變化與擴充應用

　　教師可透過選擇提示來變化學習的難度，也可以考慮變化回應的型式，教師可以要求學生以下列型式做回應：政治漫畫、連環漫畫、諷刺作品，或者表達同樣想法的仿製新聞報導之劇本。

排序法
Lineup

　　這項依據一套規則自行排成一列的做摘要技術，可成 108
為一項引人入勝的經驗。當同時澄清學生的錯誤概念並建
立教師可能忽略的有效知識連結時，排序活動幾乎總是產
生未預期到卻正面的結果。它也允許學生聆聽同學如何思
考教材，此舉使學生與學習的主題具體前進和互動 ——這
些都是成功因素的組合。

　　以下是排序活動的實施情況。在小學或中學的數學
課，教師告訴組成一組的十位學生，他們要依據分派的數
值肩並肩排成一行，被分派最小數值的學生站在線的最左
邊，數值最大的站在最右邊。教師又說，其他同學將會評
論排序的結果，接著分發不同的數字卡給每位學生——$\frac{2}{3}$、
0.01、$\frac{4}{3}$、0.00999、$\frac{1}{4}$、0.67、$\frac{7}{8}$、0.875、$3\frac{5}{4}$ 及 π，並要求
對這些數字格式做嚴謹的思考與對話（如下列）：

麥可：沙克，你的 0.00999 小於我的 0.01，你必須站
　　在我的左邊。

沙克：……但是 999 比 1 大，為什麼我比較小。

凱莎：（把沙克的 0.00999 數字放在麥可的 0.01 數字
　　卡上，並垂直對齊小數點。）看，如果依小數點
　　排列，0.01 在上而 0.00999 在下。

沙克：對啊，我知道，百分之一和萬分之 999，999
　　看起來還是大些。

麥可：你不能這樣比較，這是小數點之後的部分，
它們必須以相當的位數比較。

109　　梅根：（指著 0.01 的數字卡）喔，好！看，在這後
面加"0"，你就可以比較它們的大小，現在你有萬
分之 1000 和萬分之 999，哪一個比較大？

沙克：（停頓一下，露齒而笑地入列。）我知道了！

基本程序

教師先告訴學生，他們將依據教師提供的規則，以站
出來排隊的方式摘要一節課的內容，接著，給學生一張正
面寫上特定資訊的大索引卡。學生看過卡片之後，教師要
求他們在線上站定位置時，也把拿著的卡片朝向全班學
生，排好隊後，他們可以討論每個人的相對位置關係、提
出問題、表示不同意見、解釋理由，以及做其他能使小組
達到共識的事。小組的目標是做到百分百正確，而他們可
以善用彼此來達到目標。

排序的規則可以是任何事物，但應該有目的，例如前
面舉例提到的一串數字，係以教師想要學生探究的數值關
係為基礎，教師注意到學生在作業中出現的錯誤概念，以
及測驗作答需要改進的地方，所以選擇能反映其關切問題
的一串數字。

參加排序的學生人數可在五至三十五人之間，但我建
議六至十人為宜──此人數足以支持澈底的討論，但不至
於多到讓教師無法詢問每位學生有關排序位置的問題。

當一組學生在決定序位時，其他的學生做什麼？向同
學大聲喊叫提出建議？想午餐該吃些什麼？爬牆壁？希望
都不是。教師應該擴大學生的參與，而不是只有一小組學
生在學習。教師可以一開始就把卡片做成三套，學生則分

成三組：一組可在教室後方、一組在中間、另一組則在前方，教師可以把全班帶到體育館、餐廳、前廳、走道或停車場，讓學生在那裡排序。如果不止一組，學生的動機會增加——他們不僅想做得正確，也想要速度第一。

如果分成多組進行，應該讓各組相互評論，第一組可評第二組，第二組可評第三組，而第三組可評第一組。從競爭的角度正確找出他組排序的錯誤，或依據他組的評量有效辯護自己的位置排列，可獲得加分；但是學生的實質互動和摘要自己的學習，比找出他組錯誤的次數更重要。

若教師覺得一次只能處理一組，就要安排其他學生和排序小組做相同的事，例如，教師可將相同一串數字製成小紙片，讓其他學生在排序小組完成任務之前，在合併的桌上排出各數值的適當順序。

排序過程中會發生幾次做摘要的活動。第一次是學生在入列前的相互交談；第二次是當他們說明站在某一位置的理由時。身為教師，我們扮演蘇格拉底、促導者（facilitator）或魔鬼代言人（devil's advocate；譯註：純為爭辯而持反面立場的人）的角色，以使學生說明其理由。讓我們再回到前面舉例的情境：

教師：（指向兩位相互站在一起的學生）你是 $\frac{1}{4}$，

你是0.1，你們兩人怎麼知道按順序應該站在哪裡？

蘿拉：我只是把 $\frac{1}{4}$ 改為十進位數0.25。

教師：解釋你怎麼做？

蘿拉：我只是知道 $\frac{1}{4}$ 是0.25。

教師：如何知道？

蘿拉：嗯，好，我只是把四除一。

凱莎：你是指一除以四，上除以下。

110

蘿拉：對啊，一除以四，我得到 0.25。

教師：所以你現在比較的是什麼？

蘿拉：0.25 和 0.1。

教師：而 0.1 是什麼，如果你加上個零，使比較的位數相同？

蘿拉：0.10。

教師：所以你現在比較的是什麼？

111 蘿拉：比較 0.10 和 0.25，0.25 比 0.10 大，所以我應該站在凱莎旁邊。

教師：非常好。凱莎，還有其他方法可以做比較嗎？

凱莎：把數字換成錢數。

教師：我們要怎麼做？

凱莎：$\frac{1}{4}$ 等於一美元的 0.25，即 25 分錢。

教師：如果換成十進位數呢？

凱莎：0.25。

教師：然後呢？

凱莎：蘿拉的數字是 0.1 或 10 分錢，25 分錢比 10 分錢多。

教師：在列的其他同學們，你們接受這項推論嗎？（學生點頭）好，還有其他的比較方法嗎，奎格？

奎格：把 0.1 改成分數，比較分數大小。

教師：0.1 變成分數是什麼？

奎格：會是 $\frac{1}{10}$。

教師：很好，在這個情況下，比較分數之前你要決定什麼，梅姬？

梅姬：最小的共同分母。

教師：做得很好。（教師轉向面對全組學生）這三種方法就數學而言都正確嗎？

（學生點頭）

教師：數學問題是不是常有一種以上的解決方法

　　呢？（學生再次點頭）好，我們都很有希望，包
括我在內，讓我們繼續……

　　以下有幾個重點需要注意。第一，學生所做的大部分
事情是說話。如果資訊來自同學所說，往往會比來自教師
的相同資訊更記得牢，這雖然令人挫折卻是事實，因此，
教師應盡量使學生互相具體討論有關學習主題的事。第
二，有意義地選擇排序的主題，因為排序是為了證明想讓
學生探討的事物關係、概念或技巧。第三，對新的思考方
法持開放態度。我曾經讓學生彼此站在對方後面以表達
「均等」的概念；我也曾經讓學生打開兩本公民課本並翻
到不同政治理論的頁次，然後兩腳各站在兩本書上表示
「腳踏兩陣營」。要求學生做出創新的摘要活動，其結果
常使得教師對學生的極佳表現自嘆弗如。

112

變化與擴充應用

　　排序法適用於許多學科。學生排隊的規則可以是半音
階、分類（界、門、綱、目、科、屬、種）、數學演算法
的正確步驟、斐波納契順序（Fibonacci sequence），以及短
文完整結構的要素等等。學生可以排成行以顯示分類，例
如三位世界級領袖及其各三項特質、不同類型的化學鍵及
代表這些化學鍵的兩種分子、演說的部分內容及這些內容
的三個舉例，以及不同型式的邏輯特色（如歸納、演繹、
布林邏輯、電腦程式設計流程圖）等。

　　學生也可以按照交替形式（alternating patterns）排序，
如：同義詞或反義詞的配對、鹼性和非鹼性成分、及物和
不及物動詞、原色和合成色、有理數和無理數、質數和合
成數，以及協和音和半協音。週期也可以構成很好的排序
形式，只要「解開」週期的一部分，並以線性順序展開而

非按圓形組合，或者讓學生排成圓圈而非直線。不妨想像下列的排序技術應用：能量轉換週期（生產者、一級消費者、二級消費者、三級消費者、清除者、分解者、再回到生產者）、克氏循環（Kreb cycle）、生態演替及月亮的盈虧。

在活動結束時，要讓學生排序辯護其所站位置嗎？不一定，如果教師希望，可以這樣做，因為許多辯論已經做過了。不過，我發現上課內容的確能使學生充分理解，如果要求在排序要素之間選擇兩種配對，然後要學生說明排序的理由。書寫能透露錯誤的概念，也能闡述言談未能形成的概念，因此，寫出說明可能是排序法的第三個有力重點。

抽籤做摘要
Luck to the Draw

這項技術往往會提高學生的焦慮程度，但仍能維持學生的注意以及對資訊的摘要。我是從 Jon Saphier 和麻薩諸塞州「較佳教學研究中心」（Research for Better Teaching in Carlisle）的訓練者學到這項技術。　113

基本程序

每天，學生就課堂所教或閱讀內容準備一份書面摘要；第二天，教師從帽子內抽出一位學生的名字，這位幸運的學生必須唸出為昨天課堂所學而做的摘要，接著，在這位報告者的主持之下，由全班其他學生提出對其摘要的評論。

變化與擴充應用

如果學生不習慣對全班說話，教師可在學年後段使用這項技術，屆時他們已經和同學相處得比較愉快，或者教師已經有時間訓練他們克服恐懼。教師可以讓其他同學幫害羞的學生唸摘要，或影印其摘要給全班；另一項選擇是經常加入一位「客串宣讀員」（guest reader）——隨機選出來朗讀被抽到的摘要之學生，並從宣讀員的名單中刪去不願意公開說話的學生姓名，直到教師處理好這類學生的困難或恐懼。

摘要類別

技術 24

動作摘要法
Moving Summarizations

114　　想想，如果我們能爬進一部車子的引擎內（或人類的循環系統、或一個分子鍵中）到處看看，我們將能學到多少的知識。如果能實際以身體操作文學手法或創作表現封建時代的鼓號樂隊表演，動覺型和觸覺型的學生將得到一展身手的好機會，因為動作摘要技術需要透過身體動作使內容概念更有趣。

基本程序

此技術的想法是，利用身體動作來說明對內容的理解，例如，當學生在複習時間線時，教師要求他們對每個要點提出手和手臂的動作。以下時間線在排練後能表現出一些很棒的動作，並能產生對內容的正確記憶。

1754—爆發法印戰爭

1763—英軍在法印戰爭中打敗法軍

1765—英國印花稅法開始對殖民地課稅

1775—爆發獨立戰爭

1776—第二屆大陸議會簽署獨立宣言

1781—英軍在約克鎮投降

1787—簽署美國憲法

1789—喬治華盛頓就任首任總統

　　我們能想像出哪些動作？可能的動作包括：以打開的手掌碰撞緊握成拳的另一隻手的指關節，來代表印花稅法，然後以雙手做乞討狀或做出「給我、給我」的動作以象徵課稅；演出一支筆寫過羊皮紙（或一手手掌）的啞劇，以象徵獨立宣言的簽署；學生將手舉過頭、手掌向前，以象徵英軍的投降；至於法印戰爭，只需象徵性地將兩隻手互相碰撞；另外，學生會很容易想出其他的動作。這項活動不一定要靜默地進行，學生可能會用美式足球球員的運動衫號碼來記憶年代的末兩尾數字（50、63、65），並在表演動作時大聲喊出這些號碼。

　　若運用這項技術，做摘要將發生在學生建構動作的時候，而重複表現身體動作和內容等於重複做摘要。最好的點是，學生能在任何地方複習內容，他們不需要課本或筆記，因為內容已經連結到他們的身體，如果再連結到人體類比（見第 70 頁），上課將成為非常有趣的觀察。

變化與擴充應用

　　這項技術有無窮的應用方法。以語文課為例，想想 Victor Borge（譯註：已故丹麥籍的國際級鋼琴家及幽默大師）唸句子標點時發出的有趣音效，我們也可以在教學中做相同的事，但規模更大些，每一個標點都可以變成動作：彎腰或彎手肘、扭身，以及將兩手升高過頭，可分別代表逗點、問號、引號；句號可以是向空中猛揮一拳；驚嘆號可以是直立向上跳一下。教師可以要求學生大聲唸一段兩個角色之間的對話，每遇到標點時以動作代替唸出標點。而在所有的標點中，分引號的表現方式特別有趣。

　　另一種我喜歡的變化是使用「手指遊戲」（finger plays）來說明過程，例如有絲分裂中的染色體作用，能藉著將手指合併又分開而輕易表現（及記憶）。以下說明可考慮的

115

應用：

116

- 核分裂前期（prophase）——將雙手握在胸前，讓你的手指像小孩在池中游泳一樣往上又往周圍動一動，將指頭相互交纏——結合、糾結、放開，以顯示細胞正準備分裂。

- 核分裂中期（metaphase）——救生員吹哨休息，每個人沿著中樞或中軸排隊。針對這部分，把你的手轉過來，手掌朝胸前，雙手指尖碰指尖，然後把指尖內移相互交疊約一吋。

- 核分裂後期（anaphase）——分裂發生在這段時期，救生員要求大家離開游泳池，因為這是開放的最後一天。慢慢將手相互拉開，手腕先向內彎，當抽手時，一隻手（命名為安娜）說：「再見了，吉恩（Gene）（遺傳因子，此處為刻意使用的「染色體」雙關語）。」另一隻手（吉恩）則以低沉的男聲說：「再見了，安娜。」然後兩手繼續分離直到有些超過肩膀的寬度。（教師和學生在這部分可使用不少雙關語，比如說「安娜和吉恩正在遺傳基因的游泳池游泳」。）

- 核分裂末期（telophase）——讓安娜向吉恩說：「我會用泰勒菲斯電話（telophase-phone）連絡你。」就像真正的有絲分裂一樣，把你的雙手拉開到幾乎是兩個分離的個體，然後將你的手臂幾乎完全伸開，讓兩個手掌的距離更遠些。下一個有絲分裂的步驟是形成兩個子細胞，但大部分年級都需要家長同意書才能進行教學，所以我們不再繼續舉例。

　　像上述一樣引導學生做摘要之後，給學生一些時間試著來來回回跟上旁白速度以練習整個過程及手指遊戲。這

整個過程很容易用PMAT的頭字語記起來，它代表prophase、metaphase、anaphase及telophase；如果學生習慣手指遊戲記憶法，教師可以加入其他的術語，如interphase（分裂期間）。

　　有正確資源的教師也可以為學生建立大量的組體，例如使用彩色粉筆、抽籤，或者讓學生在柏油路或人行道前面畫出心臟的大型內部圖解。畫出圖解後，教師可以教導學生，血液如何從身體流回心臟、如何通過心室和心瓣膜、到達肺部，再通過更多心室和心瓣膜回到心臟，然後進到身體各部分——就像用黑板來圖解說明的順序一樣。學生在演出的時候，可以由一位學生唸劇本講述心臟的血液運行，同組的幾位學生則表演流過心臟的血液：一位拿著紫色的作圖紙代表流到肺部未帶氧氣的血液，另一位則隨後拿著紅色的作圖紙代表帶氧的血液。扮演血液的同組兩位學生在肺部區可以表演誇張的動作或跳舞，以表現碳氫二氧化物的交換。之後，教師要求學生回到座位上閱讀教科書關於血液流經心臟的那一章，由於有過深究心臟組體的經驗，學生的心智已經為有效檢索教科書的資訊做好準備。

　　再舉最後一個例子。幾年以前，我剛教完基本的寫作過程及其可置換的程序——包括寫作前的構思、寫草稿、修訂、編輯及印出等。為幫助學生摘要所學內容，我冒著風險將雕塑用黏土發給學生並告訴他們，每位學生只能使用與寫作過程有關的術語，來塑造一件描述目前所學複雜技巧的作品。

　　結果令人驚喜。當學生在平滑的表面製造凹痕和條紋時，他們說那是「為文章加上紋理」；在薄弱的地方加上更多黏土時，他們說那是「補充更多支持的細節」；把底部的黏土移到上部或兩邊挖填，他們說那是「以移動句子來修訂文章」；有時學生將黏土弄成團以重新來過，這很

明顯就像把紙張揉成一團再重新寫。

　　當天晚上，學生的作業是藉由比較短文（或故事寫作）與黏土雕塑，來摘要有關寫作過程的學習成果。結果學生表現出更好的洞察力，勝過我曾以標準指定題目（如「列出及界定寫作過程的每個步驟」）所能得到的回答，而學生在那一年的寫作品質則證明，他們對學習內容也記得很牢。

摘要類別

技術 25　多元智能應用策略　Multiple Intelligences

　　為使做摘要的指定作業更吸引人，教師可以允許學生　118
使用一種以上的智能來做摘要。依據 Howard Gardner（1993）
率先提出的多元智能理論，學生的智能傾向是指他們**如何
表現**聰明，而不是指他們有多聰明。如果學生被允許以其
聰明所在的方面來表達學習結果，他們的表現會更複雜、
更有深度思考、帶有更多個人投入。多元智能理論為做摘
要的技巧開啟了更好的方法。

基本程序

　　複習多元智能的基本描述語，選擇三或四項看起來適
合學生所摘要主題的智能，然後每項智能選定一、兩項活
動，並讓學生選擇採用哪一項。以下是每種智能的簡明描
述及其範例活動。

- 語文智能（linguistic）——用文字思考與使用語言
  表達複雜意義的能力。範例活動包括腦力激盪、
  對話、辯論、公開演說、出版、閱讀、做詩、蘇
  格拉底式研討、說故事、錄音、繞口令、翻譯、
  文字遊戲及寫作。
- 邏輯—數學智能（logical-mathematical）——計算、
  預測及量化事物的能力。邏輯—數學智能發達的
  人能夠使用符號性推理與程序性推理（symbolic

and sequential reasoning）技巧，並能應用歸納與演繹的思考型態來執行複雜的數學運算。範例活動包括智力測驗遊戲（brain teasers）、解碼、電腦程式設計、邏輯難題、數學問題、測量問題、程序、蘇格拉底式研討、時間線及「假設」（what if）實驗。

119

- 身體─動覺智能（bodily-kinesthetic）──操控物體（包括自己身體）和使用各種動作技巧的能力。具有高度身體─動覺智能的人很善於身心的協調和時機的掌握。範例活動包括各項手工嗜好，如建構模型、縫紉、雕塑、木工、人身隱喻、建造、舞蹈、手勢、跳躍、移動、戶外活動、啞劇、角色扮演、運動及觸摸物體等。

- 空間智能（spatial）──以三度空間進行思考的能力。具有高度空間智能的人擅長使用動態想像、圖像與藝術技巧、拼圖以及空間推理等，將事物視覺化。範例的活動包含使用拼貼、顏色、圖解、畫圖和塗鴉、拼圖與其他視覺遊戲、迷宮、心智地圖、繪畫、圖畫隱喻、圖片與插圖、符號、錄影及視覺化等。

- 音樂智能（musical）──辨識、創造及複製音樂的能力。音樂智能發達的人能理解音調、節奏及音色，他們喜歡運用型態、押韻及歌曲來學習。範例活動包括參加音樂會、聆聽聖歌、創作廣告短歌、做詩和創作旋律、哼唱、詮釋音樂作品、聆賞音樂、演奏樂器、唱歌、吹口哨、創作及表演繞舌歌，以及寫歌詞等。

- 人際智能（interpersonal）──善於理解他人以及善與他人互動的能力。具有高度人際智能的人很擅長口語和非口語溝通，對他人的情緒感覺敏

銳，並能接受多重的觀點。範例活動包括對他人產生敏銳的感覺、棋類遊戲、與他人合作人身雕像、參加社團、參與合作的活動、諮詢、團體討論、團體運動、領導、調解、擔任導師、社交聚會、模擬、社交活動與遊戲，以及教導他人。

- 反省智能（intrapersonal）——了解自我（個人想法與情感）和使用該知識計畫個人生活的能力。具有高度反省智能的人，其直覺力和反省力都很強。範例活動包括將學校課程與個人生活連結、以個人興趣為中心做自訂進度的工作、計畫、閱讀、反省、設定目標、花時間獨處、從事個人嗜好，以及寫日誌。

- 自然觀察智能（naturalist）——區分生物差別和善於覺察自然界現象的能力。自然觀察智能發達的人能夠區辨人類社會和自然界的型態，也喜歡將事物分類。範例活動包括參加有關自然界的討論和錄影、分類、蒐集、園藝、登山、保護環境、研究植物和動物、照顧植物和動物、分辨事物的不同、使用工具探究自然界，以及參觀動物園和水族館。

120

- 存在智能（existentialist）——這部分的能力尚未被採納為智能之一，但是Gardner及其他人已經認為這是第九項智能。具有高度存在智能的人對生命、死亡及實相（reality）等大問題很有興趣，例如「人類為什麼在這裡？」、「人死後會怎麼樣？」、「其他星球有生物嗎？」、「如何知道一個人誠不誠實？」、「若我知道世上的苦難之事，我該負責想辦法解決它嗎？」等，這些問題的焦點是人類的存在。範例活動包括對大問題的問與答、創造類比、寫日誌、辯論、想像、構思

更多的可能性、檢視信仰的根源或基礎，以及閱讀和討論理念與哲學等。

變化與擴充應用

想獲得更多想法，我建議閱讀Thomas Armstrong的《經營多元智慧》（*Multiple Intelligences in the Classroom*, 2000）。

讓學生在做摘要時使用其發達的智能之附加益處是，它給予教師有效的指標來評量學生的所知所能。例如，教師如果只要求以書寫方式做摘要，那些不擅長書寫的學生將同時陷入和寫作與摘要內容的苦戰，而由於學生如此難克服所使用的媒介，其表現精熟學習的機會便被教師削弱了。反之，當學生以符合其智能傾向的方式做摘要，便能自由探究主題及其摘要。

教師也許無法每次都投合學生的各項智能，但是透過不同的、形成性的摘要，就能使每個教學單元都包含大部分智能，尤其如果每次都允許學生從兩、三種摘要提示或格式做選擇。

最後，另一項正向的特點是，當教師教導關於多元智能的知識以及使用多元智能做摘要時，教室的情緒氛圍會改變。學生將會了解自己更擅長處理某些主題和格式，也會知道自己在其他方面仍舊苦苦掙扎；他們開始接受自己在能力程度上的差別，以及認為準備度會自然成熟，不該被判定為不足；他們變得更能彼此容忍與鼓勵，因為一位同學在應用某項媒介的表現不佳，不代表他在其他部分無法表現得很優異；當學生的學業壓力較不具威脅時，他們也似乎樂於嘗試新的事物。他們認為，能力差別不該只是被容許，也應該被期望有所差別。

偶爾讓學生協調如何摘要學習結果，會在指定作業方

面帶給學生我物感。我唯一謹慎以對的是監控學生的選擇，原因並非他們將選擇最容易的方法，而是可能選擇太費力的方法。學生對於有選擇性的作業感到興奮，往往會設計出比教師的指定更複雜的作業，這時可能必須緩和其選擇到合乎情理與合乎發展的地步。

教師應提供四、五個選擇，以利學生應用不同的多元智能摘要所學；教師應將每項活動與其關聯的智能標示起來，以引導學生看出他們的智能傾向；教師應透過多重的摘要經驗，使學生輪流使用所有的智能；教師應注意偏好每次都使用相同方法的學生，如果有些學生想要每次都做同樣的選擇，教師可將選擇範圍縮小，以擴大其智能應用；以及，只允許學生選擇那些能幫助其在新方向獲得成長的活動。

當教師考慮使用多元智能的摘要活動時，聰明的作法是確定學生能透過各項活動和相同的內容互動。例如，學生能否適當摘要特定的錄影或演講內容、藉著分類主題的屬性來閱讀、畫出圖表、寫篇日誌、以舞蹈詮釋所學，或者寫一首饒舌歌？也許能；也許不能。雖然我們不想限制學生的想像力，我們仍需要合理地確定：學生無論採用哪一種方法，他們接觸和表達的是相同內容。就算對 Robert Frost（譯註：美國二十世紀前半葉的著名詩人）點個頭，也可能有各種不同方式。

單詞摘要
One-Word Summaries

「我把它（這封信）寫得長些，是因為我沒有時間使它更短。」

——Pascal

通常，一頁真正優質的學生作文比三、四頁長的一般作文，透露更多學生所知的資訊。其原因也許是因為較長的作品誘使學生偏離了清楚的焦點；也或許是學生希望引起教師共鳴而塞入了更多的內容。以量少而有說服力的文字寫出一篇有關主題的文章，是件困難的任務，因為每一個字都重要，而且每一個句子都必須增進讀者的理解。

當教師第一次告訴學生要創作單詞摘要時，學生會以為他們正好可免掉一些事情。事實上，「單詞摘要」實質所需的內容在半頁到整頁之間，學生很快就學到，這類摘要典型上需要投入更多思考，而且要比平常三倍長度的摘要花費更多的工夫。

基本程序

要求學生寫出摘要本節課主題的一個字詞，接著請其說明為什麼選擇這個字詞。學生對該主題的分析必須分離出概念、人或事件的關鍵屬性，以及分析出主題的相關性或效用。若做變化，教師可要求全班一起腦力激盪列出可能的字詞，再將這份清單縮小到三個可能的選擇。當全班腦力激盪時，學生可就某一個字詞是否適合描述主題，提

出同意或反對的意見，而無論支持或反駁的最佳描述字詞是什麼，他們都以具體的方式分析了主題。在單詞摘要法中，並不是學生的字詞選擇導致學習，而是他們的理由。

以下列舉單詞摘要可用的提示：　　　123

- 「一九二〇年代政府對肉品包裝的新法規可視為一項機會。」
- 「『製造』不是描述光合作用的最佳字詞。」
- 「畢卡索的作品對於增加我們學校的美術課程經費是一項論點。」
- 「美國太空總署和 Rockwell 公司對於太空梭上的結冰溫度警示與 O 形環的作用之爭議，是一場暫壞戰。」（譯註：一九八六年美國挑戰者號太空梭因為 O 形環冰凍變硬失效而燒穿，導致燃料槽連鎖爆炸的慘劇；Rockwell 公司為挑戰者號的承造商。）

變化與擴充應用

要求學生想出單詞摘要的字詞時，教師對於不想看到的概念連結應該保持開放態度，即使學生未以教師更喜歡的精確方式描述概念或事物也無妨，因為學生同樣能看出概念與描述詞不相關之處，也會選擇批評這些字詞的可行性——他們這麼做的時候也是在互動與做摘要。你能看出間接受詞與這些單詞描述語之間的關聯嗎（後者如受益者、彈球戲及依賴）？這些單詞摘要詞（如分析、度量及類固醇）的動詞概念又是什麼？有些字詞比其他的字詞更精確，但是，它們都能驅使學生檢視與其關聯的概念。

技術 27

三面分析法
P-M-I

124　　教師可對全班建議這個想法：「讓我們付給所有上學的學生一週二十五美元，好不好？」大部分學生會熱烈同意，然而，當教師對學生使用三面分析法之後，至少三分之一的學生會改變他們的心意。

　　P-M-I 代表 Pluses、Minuses 及 Interesting（正面、負面及趣味面），Edward de Bono（譯註：國際級思考教學大師）是四十多年前第一位說明這項技術的專家──見其極佳著作《六頂思考帽》（*Six Thinking Hats*）（1985），而這項技術迄今仍然非常有用。雖然有些教師使用三面分析法，純粹是為了讓學生謹慎考慮其決定和選擇，但它也可以做為很好的摘要工具。在我們以類似上述開頭的陳述，或「所有學生都應穿著藍色服裝」之類的陳述來教導基本程序之後，就能開始使用三面分析法來摘要一節課的學習內容。

基本程序

　　要求學生畫一張類似表 20 的 P-M-I 表。

表 20		
P-M-I 圖解模式		
陳述：		
正面	負面	趣味面

　　學生畫好表格之後，給他們一則陳述去思考，這則陳 125
述必須和學生所學主題有關，並且必須使用所學知識來回
應，表格所填內容必須包括一個以上的面向，正面或負面
的敘述皆可。教師給學生的陳述可能看起來如下列：

- 「我們應該和那個國家擴展外交關係。」（或反
  面：「我們應該終止和那個國家的外交關係。」）
- 「聯邦政府應該核准人類基因工程的研究。」
  （或反面）
- 「學習文法是學習如何寫作的最佳方法。」（或
  反面）
- 「判定一幅畫的品質之最佳方法是，分析藝術家
  如何使用線條和光線。」（或反面）

　　其他的例子可以是小說的主題，而學生可從小說和自
己的生活取材為證來陳述其反思。
　　使用 P-M-I 表格時，教師先要求學生在表格上端寫下
一則陳述，接著，將這則陳述的優點填在「正面」欄，缺
點或負面想法填在「負面」欄，不能單純歸入任一種分類
（正面和負面）的想法則寫入「趣味面」欄。學生對該陳
述所做的第一次反思，通常以個別的方式進行。

學生完成填表之後，要求每位學生和一位夥伴或小組成員分享其回應，此時教師可以宣布，小組分享的任何想法都可以自由「借給」每位成員加到其記錄的想法中，並且也鼓勵聽過同學分享後想要修正想法的學生，就做修正。

變化與擴充應用

教師或者學生都可以在教室前方創作一幅大型 P-M-I 表格，教師可以鼓勵個別學生或小組幫忙展示每一欄的回應，當每一欄的回應都列出來之後，要求學生省思並找出哪一些論點最有力。通常只有一欄的論點最多，而且其論點往往最能令人信服。學生的回應必須完全依據證據，不能只憑情緒，教師可要求學生檢視其原來的立場，問學生是否仍堅持其所寫出的想法？

126

三面分析法對於做摘要和做分析都很有用，同時也是實施品格教育的有力工具，這些工具能教導學生在一些方面做出健康的決定，例如關於節食、良好行為或不良行為、運動、藥物濫用、吸菸、同儕壓力及性行為等事項。

摘要類別

技術 28

配對複習
Partners A and B

又稱為「配對流利說」（paired verbal fluency）的配對　127
複習，可被視為「傾腦釋出」（brain dump）類型的摘要方
法──這類方法類似於將電腦的資料備份到磁片上（譯註：
brain dump 亦指在考試時將所有記得的內容全數寫出）。
配對複習是一項快速的方法，能使學生處理少部分的學習
內容，以利大腦準備容納更多的學習。如本書第一篇所提
到，中學生如果每十五至二十分鐘能和這節課所學的內容
與技能互動（複習），他們的學習效果會更好；對小學生
而言，複習的頻率是每六、七分鐘。如此將資訊區塊化的
教師，能幫助學生把資訊轉移到長期記憶，而配對複習對
於這類複習是有效的摘要工具。

基本程序

教師以適合教學科目和學生年級的方式呈現教材，在
大約十五分鐘的教學之後，要求學生選擇夥伴（如果更有
幫助，教師可為學生選擇夥伴），並且確認其中一人扮演
A 夥伴、另一人扮演 B 夥伴。如果學生人數是奇數，由教
師擔任其中一位學生的夥伴。

要求每一組的 A 夥伴滔滔不絕把教師剛才所教的任何
概念講一遍，或者講述任何由教師教學引發的概念。如果
學生卡住了，鼓勵他們利用筆記或其他資料喚起記憶。

即使很難保持安靜，B 夥伴的責任是有禮貌地聆聽但

不說任何話（偶爾點個頭是可以的）。在一分鐘結束的時候，教師要求 A 夥伴講完最後一句話然後停住。

現在換成 A 夥伴必須像剛才 B 夥伴一樣保持靜默並專心聆聽，B 夥伴則滔滔不絕講一分鐘，其內容可以是一連串想法的分享，或者有關教師授課內容的任何想法。不過這裡有項挑戰：B 夥伴不能提到 A 夥伴已經講過的任何內容。

第一次實施這項活動時，教師會聽到 B 夥伴的低聲抱怨和一點點笑聲，然而教師應該提醒他們，可以有自己的觀點也可以做不同方向的思考。同樣地，如果他們卡住了，可以參考自己的筆記和資料。學生做這項活動的次數愈多，他們的表現會愈好。

第一次教導配對複習可能要花上五、六分鐘，這是因為教學以及活動之後的反省需要時間（教師可以問學生類似的反省問題：「你注意到什麼？」、「未來參與像這樣的活動，你會做些什麼準備？」）。不過，在學生習慣這項技術之後，從開始到結束只需要三分鐘不到的時間；如果開始使用時，說一分鐘的話對學生而言似乎有點長，可要求他們只說三十秒鐘即可。相反地，我曾經讓每一位學生的說話時間長達兩分鐘。

變化與擴充應用

這項技術乍看像是模仿而不是思考的活動，你可能會很驚訝，學生怎能只從重述之前十五分鐘內聽到的內容而學習？其實，他們必須彙整關於剛才聽講內容的思考，然後再將其很連貫地和另一位同學分享。在說出的話之下是未說出的思考，但是當下，學生擔心自己可能犯錯、擔心被夥伴評價為能力不足，這種擔憂會稍微增強焦慮，迫使他們內化學習而非僅回答教科書各單元的理解題目。

在四十五分鐘的教學中，分開兩次進行這類傾腦釋出的活動，是很好的時間運用方式，勿將摘要視為障礙或困難。

摘要類別

技術 **29**

觀點摘要法
Point of View

129

不論改變有多小，觀點的改變都可以輕易理解。讓學生使用資訊以探索另一種觀點，需要靠濃縮及複習某個主題的關鍵屬性。因此在這項技術中，來自於學生敘寫觀點（或藝術創作、表演）的做摘要活動較少，它主要發生在指定作業的創作過程。學生透過下列策略決定哪些是重要的知識：納入資訊、刪除資訊，以及採用具說服力的記敘方式有條理地組織內容。這些就是產生真實學習的過程。

基本程序

要求學生從不同的觀點重述或詳述他們學過的知識，其內容可以是任何事物：閱讀選集中的一篇故事；科學、數學或製造過程的敘述；歷史的某一時刻；化學反應；協奏曲的演出；或是逗點在分引號中的適當位置。唯重述時必須納入課堂所學的基本事實和概念。

為幫助學生掌握概念，當首次使用這項技術時，教師應該將學生的注意力集中在需要聚焦的概念、事件、人物、過程或物體之個別要素上，而決定個別要素很容易——反正那是教師為準備課堂教學而做的事。

例如，在世界歷史課程中的亞歷山大大帝單元，教師可能會指出，他的勢力崛起有許多方面可以思考：希臘城邦之間的爭端、亞歷山大的父親——馬其頓國王菲力浦、波斯王大流士三世及西元前三三三年的伊薩斯戰爭（Battle

130

of Issus）、敘利亞、使用石弩做為武器、頗塞波利斯（Persepolis）及印度和戰象等等。又如在語文課程之「如何寫出好的段落」單元，其關鍵的要素可能是慎選的字詞、完整句、主題句、支持的細節、結論、轉折詞及相關性等等。

當列出所有要素之後，要求學生確認少數能提供有趣觀點的要素。例如，學生可能從大流士王、一位士兵或者敵軍使用的石弩等不同角度來描述亞歷山大大帝；在語文課，學生可能從轉折詞的角度，或從想聚合全部的主題句之觀點，來探索段落的建構。不管教育的紀律如何，學生可以做出三、四個選擇，並且可從另一個要素的觀點重述其學習結果，但是教師必須提醒學生，所有的細節必須正確以及所摘要的課程內容必須盡量詳盡。

變化與擴充應用

以下是觀點摘要法無止盡應用的一些例子。學生可能從葉綠素的觀點重述光合作用，或者從大提琴的角度描寫一首複雜的協奏曲演奏；學生可能從一口食物的觀點重述消化的過程，包括這口食物滑下食道、通過小腸的絨毛後被微血管吸收並將養分帶到血液中，甚至體內肌肉最後吸收了來自人體稍早所攝取食物的養分；學生也可以從一位有偏見的參與者的角度重述歷史事件；以及，他們能依據某個代名詞是產生動作或接受動作，來解釋此代名詞究竟是主詞或受詞。

每一個另外的觀點都能鼓勵學生以稍微不同的方式思考課程內容的重要特點，藉著以不同的角度去審視，學生將能內化更多記憶成為較持久的資訊。

摘要類別

技術 30

P-Q-R-S-T
P-Q-R-S-T

我向一位同事學到這項PQRST活動，他將這項活動用 131
於闡述式閱讀的教學。其程序很容易記得，而且對於理解
閱讀內容採用合理的策略。

基本程序

開始實施這項技術時，先向學生解釋 P-Q-R-S-T 代表
什麼：

P—預覽（Preview）內容以確認主要的閱讀部分。

Q—對想要找出答案的部分建構問題（Questions）。

R—閱讀（Read）內容，如果可能，閱讀兩次。

S—陳述（State）核心概念或主題。

T—以回答問題測驗（Test）你自己的理解（或教導
　別人所閱讀的內容）。

上述"P"和"Q"部分能引導對閱讀的預期，並使大腦準
備好即將到來的閱讀活動。雖然將材料閱讀兩遍能增進理
解，但在今日的忙碌世界卻不一定可行，即使如此，還是
值得偶爾要求學生做兩遍的閱讀。閱讀內容的核心概念通
常有兩個部分：主題以及作者關於主題的主張，要求學生
找出每一個閱讀段落的核心概念或主題，而不只是一整章
的總體概念。當教師引導學生練習PQRST兩次以上之後，

指定他們將此項技術應用在任何想閱讀的材料上。

做摘要的經驗發生在學生回答其自編的初步問題，或者必須將這些問題壓縮以教導同學、父母或教師時。在附錄部分，有一段文字是有關《頑童歷險記》（*Huckleberry Finn*）被禁的故事（見附錄 M，第 231 頁）。快速瀏覽該篇文章後，學生可能會問下列問題：「為什應有些書會被禁？」「為什麼《頑童歷險記》這本書常常被禁？」「海明威對《頑童歷險記》有什麼說法？」「馬克‧吐溫先生對於他的書被禁有什麼想法？」提出這些問題之後，學生現在有了閱讀的目的：回答這些問題。透過回答這些問題以及與他人分享自己的回應，學生就是在將這些資訊做成摘要。藉著檢視學生的問題和盡可能在學生閱讀之前修正問題，聰明的教師會將做摘要引導到教學的目標。

變化與擴充應用

如果閱讀同一段落的學生在一位以上，他們可以彼此評論對這些閱讀問題的提問和回應。

以下是一則讓大腦準備好的極佳實例。教師透過幫助學生設定閱讀目的（或回答閱讀問題），以及協助他們架構即將閱讀的內容，來奠立學生的成功學習。為擴大效果，教師要求學生預先提出問題，並向全班報告以徵求同意，全班學生則思考這些問題的相關性和明確性。

也請記得，當第一次開始使用這項技術及其他摘要技術時，應選擇較短的段落，只有一段也可以。最優秀的教師常常以短的區塊來練習新的行為和技能。學習任務不那麼龐大，成功的學習更有可能達到，而且沒有其他東西能像成功一樣地激勵學習。

當學生完成時，教師可以詢問，如果再讀一遍他們是否想要改變問題，並要求他們解釋想法。這樣的分析不僅

提示學生重看一次閱讀的文本，也迫使他們質疑自己的學習策略和學習結果——這是使學生成為自我辯護者的好技巧。

摘要類別

技術 31

人事時組合法
RAFT

133　　這項活動教導學生發散式思考（divergent thinking）、選擇想法及建構複雜的想法。RAFT 代表 Role、Audience、Form 及 Time（角色、對象、溝通型式及時間）的頭字語。

　　RAFT 的指定作業相當容易整合，例如，表 21 顯示的 RAFT 列表只花了我六分鐘的時間。在實施時，教師讓學生先考慮和閱讀內容有關的不同人物（角色）、想以這些角色為他們或向他們溝通（閱讀內容）的不同人物（對象）、溝通閱讀內容的多重方法（型式），以及發生溝通的不同情境或時期（時間）。如果教師不想增加情境或時期的複雜度，可以使用"T"代表學生將要敘述或撰寫某個主題，學生就必須扮演一個角色，並以特定方式向特定對象溝通這個主題。

基本程序

　　學生可從 RAFT 表格的每一欄選擇一項因素並將其納入摘要中，例如，某項指定作業可能是，有位綠黨候選人（角色）必須試著說服選舉委員會的成員（對象）讓他參加與民主、共和兩黨候選人的正式辯論，於是他撰寫一篇演講稿（型式），以便在二○一六年的總統競選活動中對選舉委員會發表演說（時間）。為了做這項作業，學生將應用過去有第三黨候選人參選的選舉辯論實例及資訊，以及他們對於選舉和辯論過程的知識。而教師給另一位學生

表21
人事時組合表

角色	對象	溝通型式	時間（或主題）
水肺式潛泳者	學校的家長教師協會	一副紙牌	工業革命
芭蕾舞者	幼稚園	旅遊宣傳小冊	現代
連環漫畫人物	海岸警衛隊	日誌項目	文藝復興
醫師	假釋委員會	建議欄	南北戰爭前
教練	校長	自傳	古希臘
網路商業公司執行長	青少年	法庭證詞	二二〇〇年
士兵	安養院	歌詞	一九五〇年
收益分成的佃農	學校委員會	田野指南	一九六九年
市長	湯瑪士・愛迪生	播報新聞	馬鈴薯大歉收
孩子生病的母親	動物員遊客	寓言	深夜
看守者	廣播電台聽眾	獨白	在暴風雨中
購物者	被剝奪選舉權的公民	張貼的傳單	炎熱夏日午後
博物館館長	古代蘇美人	以電子郵件通信	古巴飛彈危機
法官	記者	政治漫畫	在霍格華茲學校

134

的 RAFT 作業則可能是，扮演才剛聽過第一位學生演說的選舉委員會成員之一。

　　當教師列出每一欄的資料做為學生的範例之後，隨即以具體而有趣的互動組合方式將各欄資料混合配對。如果教師發現某些元素似乎有點草率，可以考慮將其移除，因為沒有道理以這些不確定的條件陷害學生。當然，學生在做過少許練習之後就能自創 RAFT 清單。

135

　　請注意，表21清單範例中的概念適用於一般的學科而

非特定學科，人物、對象及型式的選擇則屬隨機排列。如果教師正在教某一個單元，應特意使表格中的元素與教學主題相關的人物、對象及溝通型式一致。

變化與擴充應用

學生必須選擇如何表達內容，而這種表達創意的個人選擇和機會，有助於對學習任務產生我物感。因此在人事時組合法的活動中，學習動機通常相當高。教師對於乍看未能理解的組合應保持開放態度，只要學生能高度掌握摘要內容，非傳統的創意表達不是一件壞事；事實上，對於期望班級出現、將來能領導社會的學生類型而言，非傳統的表達方式可能是件好事。

技術 32

最後回應
Save the Last Word for Me

　　這是另一項投合大腦天生社會性特質的技術，名義上　　136
它聚焦在根據文本而學習（text-based learning）的團體討
論，實際上它依賴預讀的過程，每位學生必須從文本選出
一句文字，並在接下來的討論中最後才對它發表評論。

基本程序

　　教師要求學生在上課前一晚或課堂討論之前先閱讀一
段文字，如果可能，要求以淡色鉛筆做閱讀註記以備用
（見本書第二篇有關閱讀註記的建議）。當學生讀過內容
之後，請他們列出三個以上想討論的句子，這些句子可以
是令人生氣、引起衝突、令人困惑，或者支持或挑戰信念
的事物。提醒學生只能選擇三句中的一句參與團體討論，
但是，萬一第一和第二想選的句子被他人先選走，可以選
擇其他句子。

　　在學生讀過並確認討論的焦點句子之後，教師將學生
分成四或五人一組，並要各組一位學生朗讀自己標記的句
子，即使這個句子不是採用標準的閱讀註記方式，它仍然
是經過確認、值得討論的句子。各組的第一位學生只是大
聲朗讀，不補充任何評論或回應；其他小組成員則輪流以
同意、反駁、支持、澄清、評論或提問等方式回應。在每
位成員都回應過一次之後，原來選擇這個句子的學生再做
評論，這樣他就得到說最後一句話的權利。

137　　　當一輪的討論結束後，第二位學生朗讀另一個句子，每位成員再回應，依此類推，直到每位成員都分別說過他的最後一句話。視各組人數多少及經驗而定，這個過程可能需要十五到四十五分鐘來完成。

變化與擴充應用

　　當學生使用這項技術時，他們確實像學者一樣地投入。最好的部分是，在各組完成討論之前，已經從選擇的閱讀內容接觸到大部分重點，而我需要做的只是在學生彙報各組討論內容時促進全班的討論。

　　看著各組負責某句的學生在等待輪到最後評論時保持冷靜的樣子，實在是有趣的事，然而他們能理解維持禮儀的價值，他們不能抱怨自己插不上邊，否則永遠得不到說最後一句話的權利。對許多學生而言，這項技術不只是有效的摘要方法，它也是邁向成熟待人處事的一步。

摘要類別

技術 33

分一得一
Share One; Get One

　　「分一得一」是另一項具有「傾腦釋出」作用的快速 　138
處理技術，它將課堂聽講或其他擴充的學習經驗分解成較
小的區塊，而這些迷你處理程序可在任何時間或地點進
行，只要學生手邊有紙筆。

基本程序

　　教師以平常方式呈現這節課的概念和技能，當需要停
頓一下讓學生處理剛剛學到的內容時，要求學生畫出一幅
有九個空格的表格，表格要大到至少涵蓋半張筆記紙（見
圖 22）。

　　要求學生在矩陣的任何三個空格中，寫下剛才上課學
到的不同概念、事實或技能，然後要每位學生拿著表格站
起來，去找其他同學在其餘的空格填上原來未寫入矩陣的
概念、事實或技能。每位學生只能為一張矩陣填一個空
格，但想要幫忙多少同學填寫就幫忙多少。在找到六位同
學以不同的概念、事實或技能填滿剩下的六個空格之後，
這項學習任務就算完成，然後學生可以回到他的座位。

變化與擴充應用

　　在學生填完矩陣之後，教師可以只是重述學生迄今所
完成的學習；但更有效的是，要求學生使用矩陣所記錄的
資訊寫一份有條理的上課內容摘要。教師可以要求學生以

圖 22
分一得一：故事分析

Exposition:	Rising Action:	✷ CLIMAX ✷
- Setting, mood - main characters - major conflict introduced ...	- The major and minor conflicts of the story - Moving toward the climax ...	✷ The most exciting ✷ part of the story ✷ ✷
Resolution: The natural ending — when major Conflicts are resolved/ dealt with in some way.	Four types of conflict • Character vs. nature • Character vs. society • two different forces within one character • character/group vs. Character/group	Plot: The events that move the story along
Touching Spirit Bear (Mikaelson) • character vs. nature (boy alone on island) • character vs. society (circle justice response from community) • two different forces within one character (boy confronting his own anger)	Stories have a beginning, middle, and end	"Somebody-Wanted- But-So" is a good way to summarize plot

邏輯的順序安排概念、事實及技能，並把每個方格中的重點寫成句子的型式。將內容和技能巧妙處理成另一種型式非常有效，因為它能迫使學生與教材互動而不只是記錄教材。這項步驟可以在課堂內完成或做為回家作業。

如果你正在為學生尋找一項快速處理課堂所學知識的方法，以紓解學生因為久坐造成的骨格成長板壓力和對學習的分心，分一得一是受歡迎的策略。

139

摘要類別

技術 34

蘇格拉底式研討
Socratic Seminars

蘇格拉底知道如何讓學生和公民正視他們的基本假　140
設，並且從分析假設來學習，他的詰問與持續討論技術仍
然是闡述內容的最佳方法之一。學生可以在單元教學開始
之前參與此項活動，以幫助心智準備即將到來的學習，但
是，當他們研究即將討論的概念時，從中得到的甚至更
多。在蘇格拉底式的研討中，學生處理、應用及擴充他們
正在學習的事物，這就是做摘要，也是好的教學，但是毒
酒不包括在內（譯註：蘇格拉底因被迫飲毒酒而亡），以
下讓我們看一則蘇格拉底方法的實際運作。

「在公立學校中有些書應該被禁嗎？」教師問全
班學生。

坐在第二排的雷恩說：「應該，如果這些書違反
社區的價值。」

教師皺起一邊的眉毛說：「你比同年紀的其他人
抱持更保守的觀點，雷恩。」

雷恩聳聳肩回應教師。教師繼續說：「而社區的
價值如何決定？」

「由多數人想要的事來決定。」雷恩回答。

「所以，少數人的意見不應該包括在內？」

「不是，他們的意見也包括，只是沒那麼多。」

教師問：「他們的意見占多少？誰的價值勝出？
如果我是一位家長，我要求圖書館撤掉一本我認為內

容令人不悅的書，我這一票就足夠讓書從書架上撤走嗎？」

「不能。」雷恩再次回答。

「如果有十個人反對這本書呢？」

雷恩說：「我們必須講道理，不論多數人要什麼，那是社區的價值，以及學校圖書館員為什麼應該回應的理由，他們有責任保護兒童免於接觸恐怖與色情的事物。我是說，我不想要我的五年級妹妹閱讀 Stephen King 的小說。」（譯註：Stephen King 是美國當代的恐怖小說大師）

「哪裡是分界線？在哪一個年齡，某些小說變成可以閱讀而其他仍應禁止？對不同的小說是否這條分界線會變動？對不同的人也會變動？」

「可能。」雷恩回答。

教師在提出另一個問題之前停頓了一下，然後說：「在我國，有段時期某些社區中的大多數人是種族主義者，他們以錯誤方式對待不同文化或膚色的人。在這樣的社區中，多數人的價值應該被保護嗎？」

雷恩回答：「不，當然不應該，當人們因為膚色被虐待時，聯邦政府應該介入並做點事情。」

「所以，談到書的問題，由社區多數人裁定，但涉及人權受侵害的問題時，我們轉向聯邦政府為我們做決定？」

「我想是吧！」雷恩回答。

教師點點頭說：「在我國的歷史中，這樣做曾經非常成功也曾經非常失敗，而它（譯註：聯邦與地方的關係）通常是政黨之間的爭論焦點。讓我們檢視以下的概念：在什麼標準之下，聯邦政府干涉一個小型社區的價值是適當的？對全國而言，聯邦政府做出地方層級的決策是一件好事或壞事？」

做摘要發生在什麼時候？發生在研討之前的準備和反省、研討本身，以及研討之後的反省和評鑑。這類積極的學習，需要學生在回答問題和聆聽同學回答時思考概念和事實，而學生吸收的資訊與理解將保留到超過下週小考之期限。

基本程序

在進入到蘇格拉底式研討之前，學生需要資訊及一般的參考架構，它們來自許多型式：討論、校外參訪、實驗、聽講、閱讀、研究、模擬、觀賞錄影等等。這些研討前的經驗應有豐富的概念和「可討論性」（discussability），亦即，具有一個以上的觀點、概念之間有潛在的衝突，以及關聯到其他的學習與真實生活情況。除了經驗本身，學生在研討之前應該有時間反省學習，他們在研討前的準備方式包括回答引導的問題、創作圖表組體、做藝術品、進行小組討論、使用日誌或學習紀錄，以及使用其他技術等。

大部分蘇格拉底式研討以學生坐成一圈的方式進行，他們的筆記與其他資料放在膝部以利參考。然而，班級人數在三十二人以上時，有些教室可能無法容納圍成這麼大一圈；此外，大圈無法讓學生像較小圈一樣參與討論。為使討論的參與達到最大，教師可以進行兩圈的蘇格拉底式研討，每圈只有一半的班級人數。當其中一圈在研討時，班上其他學生則使用一套經全班商定的有效標準，對研討進行觀察再提供回饋。之後，對另一半學生或者第二天，讓原來做觀察及提供回饋的學生轉換為參加研討，而原來進行研討的學生變成做觀察及提供回饋。有時我讓兩圈學生同時進行研討，但這樣會既嘈雜又混淆。

對我們教師而言，蘇格拉底式研討最難的部分是既讓學生保持安靜又讓他們進行討論。教師要盡一切可能勿使

學生落入閉嘴不說話、雙手撐坐著或注視自己鞋子的情況，而且要確定由學生自己負責大部分的談話。不過，教師的確需要給學生一些工具來維持對話的進行，包括：(1)教導他們發展好的討論問題，而不只是回答「是」或「否」的問題；(2)教導學生如何及何時問延續的問題；以及(3)給學生一份可選擇的問題清單，讓學生維持對話的進行，當學生的熟練度增加，他們終究會超越這份問題清單。

為開始研討，教師向學生提出第一個問題，並確定該問題能引起爭論。舉例如下。

143

> 教師：同學們，今天的蘇格拉底式研討將討論審查制度。你們曾經以不同方式閱讀過和反思過這個主題，現在我們將要複習和應用你們學過的知識。請從回應下列任何一段引句以開始討論，這些引句出自 Nat Hentoff 的《那天他們來查禁這本書》（*The Day They Came to Arrest the Book*）。

- 「成人可以自由閱讀任何喜歡的東西，因為他們能為自己負責；青少年沒有閱讀的自由，也無法完全為自己負責。因此……藉法律規定，學校有責任決定學生應該閱讀些什麼。」
- 「自由是危險的字眼。」
- 「只有在想法的自由市場中，真相才能傳布。」
- 「我的朋友，對付惡意謊言的最佳方法是，不給它們傳染眾人的機會，而給這些所謂的想法一個辯論的尊嚴，就是幫助它們散布。」

> 賈瑞德：我先開始。想法的辯論無法給予有害的想法更多尊嚴，如果我們將壞的想法從大家都

　　能看到它有多壞的地方移開，那會更好，看看
工業革命時期兒童的遭遇就知道了。

　　以下中斷引述。開啟研討的最佳方式不一定要使用引
句，也可以使用下列簡單的開頭句：「為什麼這個稱為＿
＿＿＿？」、「什麼是＿＿＿＿？」、「為什麼有人想要＿＿＿
＿？」、「＿＿＿＿實際上是什麼？」

　　當學生相互討論時，他們在引用證據支持主張方面必
須謹慎小心。教師可以鼓勵學生，從自己手邊的筆記和觀
察、閱讀及反省來提供支持的細節與證據，如果學生無法
以證據支持其主張，教師可以鼓勵其他學生向這些學生詢
問其主張，並提出類似下列的問題：「你能支持你的主張
嗎？」、「這和你所現在所說的有什麼關係？」，以及「幫
我了解你的推理。」

　　有一項營造互動的常用妙招是，當學生想加入討論時
要求學生指出同學的名字，這個方式能使學生保持禮貌，
例如說：「我不同意夏洛蒂的說法。」、「如果你把它加
到拉蒙特所說的……」，以及「珍妮說得很對……」。

　　教師在研討中的角色是：⑴藉著拋出另一個引起爭論
的問題，維持討論的進行；⑵當學生陳述錯誤的概念時，
藉著提出澄清的問題，以確定學生溝通的內容是正確的；
以及⑶不介入討論以利學生對話。教師也可以做一些評鑑
的筆記，並確定學生適當運用了公民權利和團體歷程。

144

　　教師有時會發現某些學生難以參與蘇格拉底式研討，
如果遇到反覆出現的干擾者，可以強硬要求他們每隔四位
同學發言之後才可以說話；接著對其指出，在討論結束前
他們大約會還會有兩次的發言機會，因此應該要聰明選擇
評論的內容。

　　再來是相反的一面：對討論貢獻不足的學生。這些學

生可能是害羞、膽怯或者不喜歡參與討論，雖然教師應該肯定其他學生的努力，以鼓勵安靜的學生參與，但也應該強調，有需要尊重這些學生的沉默寡言，教師要告知全班記得，某些同學沒有發言並不代表他們沒在聆聽或者沒做準備。如果對比較沉默的學生效用較佳，可讓他們以口頭方式摘要五項討論到的主要重點，如此，他們報告的是其他同學的說法而非他們自己的想法，教師還是要求了沉默的學生公開說話，只是不那麼具有威脅感。

　　好的蘇格拉底式研討有好的結束方式。教師可以鼓勵少數學生提出結束的問題，或者教師自己提供一些，例如：「＿＿＿＿認為我們今天爭論的問題是什麼？」、「我們是否回答了討論的問題？」，以及「這些和＿＿＿＿有什麼關聯？」

　　在研討產生結論後，教師應確定學生從觀察員與教師得到了回饋，並鼓勵學生對自己的表現做反省。為提供回饋，可以考慮錄下二十分鐘的蘇格拉底式研討，然後將其播放給學生看，讓學生觀看自己的表現是一種有力的學習工具。

變化與擴充應用

　　在蘇格拉底研討中，教師心中有「整體圖像」（big picture）很重要，但是，對於討論過程中學生提出的新方向，也應該抱持開放態度。我們不想以我們的思考侷限學生，或將他們引導到我們的「正確」詮釋中，雖然大部分的談話是由學生進行，教師仍可以透過提出問題或否定問題改變蘇格拉底式研討的重點和結果。無論如何，要讓研討符合蘇格拉底的遺教：質疑假定、自由探索想法。

　　再者，使學生了解團體討論的自由流動特質，是明智的作法。在某些情況下，少數幾位或整個的小組成員可能

以另一種觀點「合夥打擊」某位學生，讓這位學生覺得不安全或受傷。教師應該強調，只要某位學生的觀點有思考完善的理由做支持，其想法就值得檢視。

最後，雖然最常和阿德勒的派代亞學校（Mortimer Adler's Padeia Schools）連結，蘇格拉底式研討已在全世界的學校和會議中展現其自己的生命。教師可視自己學生的需要而採用這項技術，而如果為了加強學生的經驗、增進研討的效能，或對於某位學生有更高的靈敏度，而必須稍微改變規則，就做吧！

摘要類別

技術 35

情節摘要法
Something-Happened-and-Then/Somebody-Wanted-But-So

146　　身為教師，對於學生必須閱讀的每一份文本，我知道自己不一定有時間思考可能的最佳圖表組體或摘要技術。有時候，我只想要一個能幫助學生做摘要的填空模本或者一、兩句的格式。這項技術達成這兩方面的需要，並且適合非小說的文本（以「某事─發生─之後─然後」的格式）和小說的文本（以「某人─想要─但是─結果」的格式）。我從學科召集人和某位學習障礙專家那裡學到這項技術，我可以證明，這項技術甚至可以幫助學業困難最嚴重的學生獲得進步。

基本程序

　　教師在學生閱讀非小說或體驗學習之前，先提供下列一組提示（模本）：

　　某事（自變項）……
　　發生（自變項產生改變）……
　　之後（自變項對依變項的作用）……
　　然後（結論）

　　這項技術的目的是，使用模本對較長的文本寫出一、兩句的摘要，其應用的完好實例是，給學生一篇水侵蝕為題的文章，並要求學生完成模本。學生可能在閱讀過較長

的文章後，將內容歸結為：「大量雨水沖刷掉土壤，使得
植物幾乎無法生長。」這兩句話簡短而切題，並且概括了
主題、有關主題的重點及結論。

對於小說文本，學生可做相同的事，只是採用下列不　147
同的模本：

某人（角色）……
想要（情節動機）……
但是（衝突）……
結果（解決方案）

這項技術的有益策略是，讓學生從受歡迎的小說或電
視節目，摘要一段最喜歡的段落、主題或特徵，比如以下
舉例：

在《哈利波特：神秘的魔法石》（*Harry Potter and
the Sorcerer's Stone*）一書中，妙麗（Hermione）想要被
霍格華茲學校認可為巫術和傑出才能方面的模範生，
但是，那些憎恨她麻瓜出身的人一直阻礙她的努力，
於是，她比每一個人加倍用功學習以求表現得更好。

請注意，將這項摘要小說的技術應用到以記敘文講述
的任何非小說文本，有多麼容易，例如下列摘要：

羅斯福想要在他的總統任期內回復美國的繁榮，
但是長年的經濟大蕭條，將經濟與人民士氣壓抑到目
前政府政策無法回復的程度。於是，羅斯福以其激進
的「新政」（New Deal）重新定義政府在刺激經濟的
角色。

變化與擴充應用

如果教師想要更詳盡的摘要，可以要求學生使用他們以模本寫出的句子做為主題句，並提出三項支持的細節。

這項技術對於認為做摘要頗困難的許多學生而言，是「獲得入門的機會」，每一位程度落後一、兩個年級的學生，通常都能成功使用這些基本模本。不過，對某些學生而言，教師可能必須列出空格，以利學生像做填空題一般插入文字，而其他學生則能自己掌握用字，進而建構其所回答的內容。

148　當第一次對學生使用這些模本時，以另列的清單提供需要填入空格的資訊，可能會有幫助，它可以讓學生自己連結提示和正確的回答。當學生將提示與回答配對完成後，要求他們以完整流暢的句子寫出一、兩行的摘要；同時，停頓一會兒，然後問學生如何使這些不同的部分最為流暢，這可能包括討論轉折詞、標點，以及維持聚焦在術語的定義（如，「某人」是指主角、「想要」是指故事的情節動機等等）。順帶地，如果學生使用這些模本所寫出的摘要偏離教師的預期，可要求學生說明理由，他們的詮釋可能一樣有用。

摘要類別

技術 36

卡片分類法
Sorting Cards

　　這項技術能吸引觸覺型和動覺型，以及那些喜歡組合 149
拼圖和解答祕密線索的學生，而在應用時需要做點必要的
準備。

基本程序

　　在教師教導學生具有多重分類的事物之後，學生即做
好卡片分類摘要的準備，這些分類的事物比如像是科學的
週期、多元的意識型態、幾何學的多項定理、人體的系
統、分類命名法（taxonomic nomenclature）或政府類型等
等。接著，教師在佈告欄、黑板或展示板列出學生正在學
習的分類主題，然後發給已經寫好各類目所屬各項事實、
概念或屬性的索引卡或黏貼便條之後，讓學生以小組方式
活動，以利將各個事實、概念或屬性歸入正確的分類。

　　做摘要的行動發生在學生每次拿起一張卡片時，那時
學生正在認真考慮決定卡片的歸類。就學習經驗而言，小
組成員之間的對話幾乎和排列卡片一樣重要，因此，教師
應該常常讓學生以口頭方式辯護其推理。如果一位學生質
疑另一位學生的卡片排列，進行討論會促進學習的效果，
因為對分類的任何異議都會導致學生參考筆記與教科書以
獲得更多資訊，這種情況真是教學的最高境界。

變化與擴充應用

　　如果很難以縱的方向配置學生的活動空間，不必擔心，將桌椅堆到後方，以利在地板上或走道上進行這項活動，或者完全在另一間教室進行活動。

150　　若要讓學生個別做這項活動，可要求學生預先將紙剪成小紙片，以利在每張紙片上寫下字詞（每張限一則事實、概念或屬性）。如果學生將所有紙片放在一個信封或塑膠袋之中，他們就可以在家練習這項活動；第二天在課堂上時，教師可將學生分組，並要求他們辯護其所做的分類。為增加挑戰性，教師可在學生完成概念的分類之後，要求他們依據不同標準將這些紙片以不同方式排列。

技術 37

怪聲拼字比賽
Spelling Bee de Strange

　　如果教師想以趣味的方式複習拼字及字義，這項技術　151
很適用。取代正常的拼字比賽，試試這個「奇怪的」版
本，其中，學生將所有母音以大家同意的音效取代之（通
常是動物或無意義的聲音）。

　　「Palindrome（回文）這個字拼好了，P—achoo（哈
啾）—L—ribbit ribbit（瑞比特—瑞比特）—N—D—R—
oo-la-la（嗚拉拉）—M—thblphht（嘰笑的噓聲）！」安
娜很驕傲地說。

　　史提夫大聲說：「史密斯老師，她應該在 L 後面
接著唸 hee-haw（嘻吼），而不是 ribbit-ribbit。」

　　「不，史提夫，她是對的，hee-haw 不在這個字裡
面，應該是 ribbit-ribbit。現在，有個問題問另一組：
得分五分，你們能定義這個字嗎？」

　　當一組學生試著在拼字時保持嚴肅的面容，另一組則
確定對手的拼讀是否使用了順序正確的字母和聲音。

基本程序

　　像平常的拼字比賽一樣將全班分為兩組，並讓他們輪
流大聲拼出單字，每一位小組成員都要輪流坐在拼字競賽
的位子上。請記得，學生不能唸出正確的母音，只能唸出

指定的對應聲音。為使學生保持警覺，聆聽拼字的另一組如果發現對手的拼字有錯，可得到加分；但如果抓錯有誤則扣分。

152　　教師可以鼓勵學生為每一個母音編造專屬的聲音（或者可能的各個音素），如果教師偏好自己先起個頭，下列是少數一向很有用的替代音：

A = "achoo"（哈啾）

E = "thblphht!"（譏笑的噓聲）

I = "ribbit-ribbit"（瑞比特—瑞比特）

O = "oo-la-la!"（或"oink-oink"）（「嗚拉拉」或豬叫聲「喔嗯克」）

U = "hee-haw"（或"soooooowee!"、"burble"）（驢叫聲「嘻吼」或者「蘇蘇蘇蘇蘇喂」、「泊泊」）

變化與擴充應用

為增加樂趣和複雜度，教師可以考慮加快活動進行的速度，拼字組拼字的速度愈快以及唸出來的聲音愈怪異，對手的聽字組就愈難偵測出錯誤。如果教師對不同的音素指定不同的發音，學生因為必須仔細考慮，也會增加聲音與拼字元素的多樣性。例如，長音的"e"聲（像"meek"這個字），其對應的聲音可以是"eekeek"；輕讀的短音"e"（像"ensemble"這個字的第一個"e"），其對應的聲音可以是"uh-oh"；短音"e"（像"bet"這個字），其對應的聲音可以是譏笑的噓聲；或者"raspberry"的對應噓聲是"thblphht!"（發音時臉頰和嘴唇皺起）。學生應該一起考慮所有的母音，而不是只想出一對一的字母和聲音關係。

活動進行中會有認真的比賽、許多的笑聲及字彙的複

習，經過教室的人可能會停下來往內凝視，懷疑正在拼字的學生到底來自哪個星球，這會更增添拼字活動的樂趣。你可以向教室外的人點頭微笑表示「哈囉」，再要求學生背誦他們自創的母音（唸出相關的聲音即可），然後好像沒有任何事出錯一樣，繼續這項怪聲拼字比賽，因為這活動一點兒也沒錯。

摘要類別

技術 38

SQ3R 法

3Q3R

153　　許多人都是使用傳統的做摘要技術長大的，這項技術今日仍然有用，並且最常被用於摘要教科書章節、研究資料或新的期刊文章。SQ3R代表Survey、Question、Read、Recite 及 Review（瀏覽、提問、閱讀、記誦及複習），其結構吸引許多學生，因此，值得教師加入到摘要方法工具庫中。

基本程序

　　在第一個步驟──瀏覽，學生閱讀教科書某篇的各部分標題與各段的首句，並且仔細看過圖表、閱讀本章摘要，以獲得概覽。當瀏覽完成時，學生將標題變成問題以設定閱讀的目的，例如，次標題「自由民局（Freedmen's Bureau）帶來改變」在改為問題後即成為：「什麼是自由民局以及它如何影響美國南方？」這些轉換後的問題隨後可寫成筆記上的提示。（譯註：自由民局是美國在南北戰爭後設立的機構，目的在幫助獲得自由的南方黑人）

　　在學生瀏覽過文本並形成問題之後，學生已經準備好進行三個"R"的第一個──閱讀，其方式為閱讀文本以回答他們的問題，然後在每個問題之下以筆記型式寫下相關資訊；在第二個"R"──記誦，學生蓋住問題的答案，只能閱讀問題並從所記憶的內容背誦答案，當然，可以把手移開以查核回答的正確性和概括性，而這個步驟以T圖或T表

來進行通常會有幫助（見第 182 頁）。

　　最後的"R"是指複習。學生以回答問題的答案來摘要其學到的內容，如果任何一道問題的答案有點單薄，可以回頭重讀教材文本，然後再填入缺少的內容片斷。複習可以採用其他方式進行，例如藝術的、音樂的、口語的及動作的型式。

變化與擴充應用

154

　　像許多其他的摘要技術一樣，SQ3R的效益發揮來自於特定的模式建構，放聲思考是最佳的適用方法。先發給每位學生一份原始的文本，教師自己有一份所有學生都能看到、放大並標記過的版本（互動式電子白板、投影機投射的投影片、從天花板垂吊的電視螢幕及電腦，或者白報紙等都可以使用）。

　　實施SQ3R的每一個步驟時，無論你的想法多不重要，都和學生分享，而你所分享的想法必須針對程序、內容、結構及個人對於內容的反應。這看起來有點像意識的滔滔口述，不過你會頻頻停下來詢問學生，你下一步將會怎麼想，例如問學生：「好，我現在必須做 SQ3R 的『背誦』部分，我應該怎樣進行？」

　　在這裡停一下並詢問學生的建議：「現在對我而言最好的方法是，在一張垂直對折的紙張的左邊寫上答案，然後在右邊也寫上答案，進行背誦時，我會沿著折痕處把紙反折起來再正反兩面翻動，以測驗自己。但如果我在紙上寫的答案有錯呢？」教師再次停下來請學生提供建議。

　　請記得，如果學生彼此面對面進行SQ3R，放聲思考是最有效的教學工具。教師可以請一位自願的學生在全班面前示範 SQ3R 的部分技巧，但是預先幫學生做好準備，以便他能應用幾項 SQ3R 的最佳步驟以及違反其適當規則的

幾項步驟。當這位學生在示範放聲思考時，教師告訴全班其他學生，請他們依照 SQ3R 的過程找出適當與不適當的技術，之後，讓全班評論這位學生的示範。

摘要類別 技術 39

摘要金字塔
Summarization Pyramids

　　摘要金字塔的多樣性令人驚奇，它有許多型式、許多 155 可能的大小尺寸，以及使用許多不同的提示，而將這項技術的基本功能應用在你的課程與學生需要上，則是輕而易舉之事。

基本程序

　　在一張紙上畫出線條構成的金字塔。當第一次使用這套格式時，先從圖 23 顯示的八條線開始。

圖 23
摘要金字塔

156　　　針對每一行設計可能的指示及答案，若是較短的線條，選擇能產生單詞答案或簡短答案的提示；若是較長的線條，則選擇答案較長的提示。如果使用較大的金字塔並且題目需要較長的答案，教師可以要求學生以一行以上的內容來回答。建議的提示包括下列：

- 這個主題的同義字詞
- 這個主題與運動之間的類比
- 自己激發的一項問題
- 三項有關這個主題的事實
- 三個描述這個主題的最佳字詞
- 能掌握主題精髓的書名或新聞標題
- 和這個主題有關的一、兩則其他主題
- 這個主題的成因
- 這個主題的結果
- 我們學習這個主題的理由
- 關於這個主題的爭論
- 這個主題的要素
- 對這個主題的個人意見
- 示範這個主題的操作
- 這個主題所屬的更大分類
- 與主題有關聯的公式或程序
- 從研究這個主題得到的洞察
- 使用這個主題的工具
- 用來思考有關這個主題的一件事物，但發現它是不正確的
- 這個主題的範例
- 使用這個主題的人物
- 在二十五年內這個主題將會像什麼

　　這份清單可以繼續舉列下去。由於提示和金字塔的大小是由教師決定，教師應確定，所選擇的學習經驗能讓學生以許多方式和所學的主題互動，從多重角度學習某件事物就等於能把那件事物學好，通常五到八行是適合的摘要長度，但是對某些主題則不必擔心把長度加長。 157

變化與擴充應用

　　有其他形狀的線條結構也適合這種類型的提示嗎？當然有，教師可以要求學生創作帶有許多分枝的學習樹（learning tree）來回答類似的提示，學習樹的樹根可以提供指向事物原因的答案，樹枝可以指出樹根所列要素的結果（果實）。

　　構成的形狀也和主題有關；巴比倫寶塔可以表達關於美索不達米亞和肥沃月彎（Fertile Crescent）的資訊、帶有不同降雨量的雲朵可以表達關於水循環或雲形態的資訊、一株絲蘭（葉子朝上）可以表達關於沙漠的資訊，而長條圖或圓形圖則可以表達關於圖示資料的資訊。

摘要類別

技術 40

摘要球
Summary Ball

158　　是的，這項技術包含了真實的投擲物。如果教室裡包括了許多學生的作品、許多從天花板垂吊的裝飾品，或者有不少的水族箱或陸棲植物養育箱，教師可能要放棄使用這項技術；如果教室空間在未刻意安排下，原本就沒有上述這些標的物，那就不妨試試這項技術。我從未遇過一個班級不喜歡摘要球的活動。

基本程序

　　像平常一樣呈現教材：做藝術作品、示範、討論、實地參訪、講述、閱讀、看錄影帶、寫作或填寫學習單均可。在呈現大量關鍵的資訊之後，要求學生挨著座位站起來，如果在教室內的活動空間很難做到相互輕輕投擲物體，可要求學生圍著課桌椅或桌子形成一個大圈——雖然可能會不夠穩定。

　　這項活動從教師向學生投擲一顆海灘球開始，接到球的學生有三秒鐘時間說出一則最近在課堂上學到的事實、概念或技巧，然後將球拋給在場另一位尚未說過話的學生，這位第二個接到球的學生在說出尚未被說到的事實、概念或技能之後，把球拋向其他同學，以下類推。如果接到球的學生想不起來課堂學到的事物，他仍然可以拋球，但是之後必須坐下、退出遊戲。遊戲會繼續進行到只剩下一位學生站著。

在我的班上，我們常常剩下二、三位學生，如果沒有人能再想出課堂學到的任何事物，就算平手。這項遊戲可以玩到非常刺激，如果最後剩下的兩位學生記得足夠的知識，能隨著相互嘶叫事實、概念及技能，把球快速來回投擲。

變化與擴充應用

159

如果經過一年的使用，海灘球已經有點陳舊或損壞，教師可以考慮使用另一項物體──比較軟但可以投擲的東西。過去，我曾經使用過一只泡沫橡膠魚（我們裝成是「摘要魚」）、一個空氣槍球（Nerf ball）、一顆網球，以及浸泡在厚重黏液中的袋裝假眼球──你可以在魔術店或玩具店找到這種袋狀物（是的，那時候我在中學任教）。孩子們就是喜歡這些東西。

學生只有三秒鐘的回應時間，因此這項遊戲進行地相當快，例如有三十二名學生的班級，如果每位學生都能記得並且成功說出一項學過的事實、概念或技能，所有學生都投過一次球所需的時間大約是五分鐘。然而，學生能想出三十二項不同事物的情形很少出現，因此教師可能需要修正活動方式。

首先，可以考慮將全班學生分為二、三或四組以增加參與，每一組有自己投擲用的球或物體，因此每位學生在不得不坐下之前必須說出二、三項事物。第二，可以允許任何提過的事物再重複一遍（加起來是兩遍），而不是只能陳述一次。重複能強化學生心中的資訊，並使得那些為了繼續玩遊戲而奮戰的學生覺得比較容易一點。

再次，這項做摘要的策略使學生在運動肢體時能複習教材，它能釋放骨頭成長板的壓力，而且肌肉的運動能將氧氣和營養吸收到大腦──這對大腦的認知功能運作很重要。

摘要類別

技術 41

分合摘要法
Synectic Summaries

160　　　我第一次接觸到分合法（synectics）這項教學工具，可以回溯到一九七〇年代閱讀 William J.J. Gordon（1961）的著作時，他將分合法定義為「相異且明顯無關事物的結合」，或者更簡明地說，「使熟悉的事物變奇怪」。使用分合法做為摘要技術的先決條件是，要求學生以不尋常的方式注意某件事物的關鍵特性，以及透過此種異於平常的分析，產生比「定義術語」的快速作業更為深入的理解。

　　分合法需要有促進創意和正向冒險的氣氛，因此，如果學生容易遭受他人貶損或容易受到有傷害性的評價，這項技術可能不是最好的技術；但如果環境適合，其實施結果可能極佳，因為當學生在學校所教主題和日常生活所見事物之間建立闡明式的類比時，他們體驗到是迷你的領悟（mini-epiphanies），這會使學習超越了教室的牆壁所限。

基本程序

　　在學生對於某個主題有些學習經驗之後，要求他們以聚焦在描述的文字和關鍵特性的方式，描述這個主題。這項活動以小組方式實施會比較成功，但也可以個別實施，在課堂實施這項活動需要幾分鐘的時間，或者教師也可以將其列為隔天繳交的回家作業。

　　當教師首度將分合法做為做摘要的技術介紹給學生時，應提供學生一則實例，比如下列：

主題：羅密歐與茱麗葉　　　　　　　161

腦力激盪後的描述語：悲劇、父母、蒙太鳩家族、
　卡布勒家族、家族世仇、維洛那、婚姻、假面
　舞會、勞倫斯神父、奶媽、提伯特、莫庫修、
　友誼、凶殺、以劍決鬥、巴黎、放逐、墳墓、
　信差、自殺、毒藥、哀傷、莎士比亞

　　下一個步驟是和上述描述語相比較，以區辨無關的分
類。教師可將分類修改到適合學生的發展水準，例如，對
較低年級的學生，教師在開始比較「羅密歐與茱麗葉」和
實質的物件之前，可以把它和其他的故事或電影做比較；
但是對於較高年級的學生，則可以要求他們把「羅密歐與
茱麗葉」和廚房的物品做比較，如攪拌器、廚房用計時
器、汙物碾碎器，以及碗盤瀝乾架。

　　以下是一則在教導學生內分泌系統時，可以使用的例
子：「想出一種能提醒你內分泌系統的運動，然後寫出或
表達兩者的類比，以解釋你選擇這項運動的理由。」

　　某位學生可能寫道：「內分泌系統就像棒球的比賽區，
每位守備球員或腺體，負責他自己的比賽區。」當學生繼
續充實其類比，他們將會以內分泌系統的資訊發展出心智
的敏捷度，他們會比閱讀教科書章節或回答特定內容的理
解問題，學到更多。

變化與擴充應用

　　學生習得概念之後，教師應提供他們一個範疇，這個
範疇需要更多心智敏捷度以做出類比，如此，學生將學得
更多。如果該範疇和教師所教的概念太相似，學生的分析
只是從一套過程的各方面連線到另一過程的相似方面，這
樣就變成了配對的活動而非思考的活動。在心智的社會互

動天性滿足時,學生愈和同學共同思考、共同討論他們的描述語,就愈能摘要及內化資訊。

162　　增加挑戰的方法之一是要求學生做四方格分合法(4-Square Synectics)。在這種型式的摘要中,全班學生從教師提出的某個範疇,腦力激盪產生四樣事物,這些範疇比如馬戲團、珊瑚礁、最喜歡的書、最喜歡的運動、家用物品、廚房器具、樂器、搖滾或饒舌音樂演唱會、購物中心等。範疇確定之後,教師將學生最先提到的四項事物列在黑板上或投影片上,以做為在特定脈絡中最常見的事物,接著,要求學生分成小組,討論決定所學知識與這四樣事物之間的關聯或相似處。

表 24 顯示了一個空白的分合法摘要矩陣,其對應的問題是:「什麼是馬歇爾計畫(Marshall Plan),美國總統杜魯門支持了哪些事項,這些事項像哪四項樂器?」

表 24 分合法摘要矩陣:馬歇爾計畫	
馬歇爾計畫與這些樂器中的各項有何相似之處?	
薩克斯風	套鼓
喇叭	吉他

學生可能主張馬歇爾計畫像喇叭，其高亢明亮的音符 163
是對所有歐洲國家的號召，要他們團結在重建歐洲成為繁
榮大陸的目標之下。套鼓維持勞動力的節奏穩定前行，藉
著建造一棟棟的房子、修復電力系統及重鋪道路。吉他可
以同時撥弄所有琴弦，或者一條一條弦地彈撥，學生可能
會說：這表示有時候各國共同合作，其他時候他們則想要
在沒有美國的援助下自行重建（像蘇聯國家）；每個人總
是小心翼翼不使琴弦扭得太緊以免斷掉一條，例如，有些
國家懷疑杜魯門總統看似無私的援助，因此總統必須小心
行事。對於薩克斯風「哀傷但隨時可轉為愉快」的樂音，
學生可能會說：它提醒了我們的共同人性、二次世界大戰
對世界的陰沉影響，以及美國對前敵國與聯盟國家一樣慷
慨而非報復的態度，對於全世界是多麼重要；就像出自薩
克斯風的音樂幫助男人將彼此視為兄弟，馬歇爾計畫的重
要一面是，美國不應該獨力做重建，應該幫助各國自行努
力，應該與他們並肩合作及分享完成工作所需要的智慧。

當學生完成所有四種類比之後，教師可要求各組大聲
分享其創作的類比，然後鼓勵其他學生根據正確性與適用
性，對各組的類比提出建設性評論。學習的第一個重點是
創作類比；第二個、有時更有效的重點，是小組對於同學
的類比之評論。教師應試著留些時間給這類有價值的討論。

最後一項提醒：學生非常有創意，他們常能看出教師
也許忽略掉的關聯與相似性。再次，我們不應該將學生侷
限在我們的想像範圍之內。像許多成人一樣，我們賦予內
心的編輯（internal editors）太多權力，而不願意對於乍看
怪異的想法連結開放心智，因為害怕它們會讓我們坐困原
地，或者這些想法會被他人拒絕。讓我們不要把這種思想
加諸到下一代。

摘要類別

技術 42

Ｔ圖／Ｔ表
T-Chart/T-List

164　　　許多學生無法自行閱讀或體驗閱讀的內容，或者直到高中高年級之前，他們都無法從閱讀經驗中決定哪些是重要的。貫串大部分的正式學校教育階段，學生需要用心的教師幫助他們以長期記憶和提取資訊的方式，來建構學習內容與技能，使用有時被稱為Ｔ圖或Ｔ表的工具，能使大腦準備學習及建構貯存的資訊，而Ｔ圖也是極佳的學習指南。

基本程序

　　在學生閱讀文本資料之前，讓他們先觀看錄影帶或示範、做實地參訪或聆聽講述，並給學生一份部分完成的Ｔ圖。圖25顯示一則Ｔ圖的實例，該實例在分析一九一八年美國總統威爾遜的十四點世界和平計畫演說內容。

　　圖的左邊可以列出一般的概念或問題，而右邊則通常顯示更多的細節。教師可以提供主要的概念或問題，由學生決定支持的細節或證據；或者教師可以提供支持的細節或證據，讓學生決定主要的概念或問題；教師甚至可以提供上述二者的混合，由學生填寫空白的部分。其要領在於建立學習的目的與架構。教師讓全班學生在瀏覽過教科書章節或學習經驗之後，設計他們自己的Ｔ圖，也是一種有效的策略，然而在實施之前，教師應提供幾個機會讓學生能使用教師設計的Ｔ圖。因為在創造自己的Ｔ圖之前，學生需要先了解Ｔ圖的價值。

圖 25 T圖：威爾遜的和平計畫		165

主要概念	細節或舉例
威爾遜總統規畫和平計畫的三項理由	1. 2. 3.
對美國盟邦的三項立即影響	1. 2. 3.
此和平計畫締造的三項協議	1. 2. 3.

　　當學生完成T圖之後，他們也創造了一份實用的學習指南。教師可以要求學生沿著垂直的中心線將T圖折疊起來，再以「主要概念或問題」和「支持的細節或答案」之間的正、反頁面翻動方式，測驗自己的記憶。

　　課程中任何可分割並像這樣學習的知識項目，都能使用T圖來表達，例如下列：

- 主要概念及其支持的細節
- 問題與答案
- 主張及對於主張的爭議
- 分類與舉例
- 反義詞
- 原因與結果
- 問題與解決方案
- 術語及其定義
- 類比與實例
- 前後關係
- 與某個範疇、個人、概念、地點或時間連結的事 166
  物，以及與另一個範疇、個人、概念、地點或時

間連結的事物

變化與擴充應用

熟悉表26所示的「康乃爾做筆記法」（Cornell Note-Taking System）之讀者，會認為 T 圖構成了這套方法三分之二的基本格式。教師只需要在 T 圖的底部加畫一條平行線，並要求學生在該條線下方空白處填上三到五句摘要，就能創造出康乃爾方法。根據其一貫的成功使用紀錄，康乃爾做筆記方法值得考慮使用。

T 圖很容易學習和使用，它是學生後來會記得繼續應用的技術之一，並且適用於各種不同表現水準的學生，包括有學習障礙的學生在內。

表 26 T表：康乃爾做筆記法之模本	
縮減 （在每段筆記旁邊以簡短片語或主要問句做摘要）	記錄 （在此欄寫下筆記）
複習 用三到五個句子針對問題（以段落的格式）摘要你的觀點或回應。反省或評論你學到的知能。	

摘要類別

技術 43

禁忌字詞
Taboo®

快速實例：要某人猜「經度與緯度」一詞，但不能指　167
向房間的任何物件、不能做手勢、不能使用任何下列的線
索字詞——協調、度數、格林威治、格子、國際的、線、
地圖、子午線、平行線、質數或任何數字。以上這些字詞
都被禁止，或列為「禁忌」（taboo）。

從受歡迎的「米爾頓布來德雷棋類遊戲」（Milton Brad-
ley board game）為人所知的這項技術，其活動開始進行時
會有點困難，但學生很快就能輕鬆繞過禁忌字詞，並且找
出創新的方式來描述字詞的定義。

做摘要在什麼時候發生？兩個時間點：第一，當學生
創造他們自己的一副禁忌字詞卡時；其次，當他們試著猜
測提示講述者在遊戲過程中想要他們說出的答案時。

禁忌字詞也是極佳的資訊評量工具，當學生為一個字
詞創造禁忌字詞卡時，他們列出了有重要關聯的字詞，只
要瀏覽詞卡，教師就能評量學生從學習經驗得到的收穫。

基本程序

為幫助學生準備，教師使用一套大約三十張、與學生
之前所學有關的禁忌字詞卡，來讓全班學生玩示範遊戲。
製作禁忌字詞卡時，將索引卡直立並在卡片上端寫上一個
概念或字詞，然後在字底下畫上一條粗線，粗線之下的空
白處則寫上五至七個字詞或概念——學生通常會將這些字

詞和卡片上端的字詞連結在一起。圖 27 顯示三個例子。

圖 27 三組禁忌字詞卡		
十進位	動名詞	封建制度
點 位數 底數 10 （任何位數） 整數的 公制的	名詞 動詞 -ing 文法 物	農奴 經濟的 地主 地主的田地 土地

為了進行禁忌字詞的遊戲，教師需要一疊事先備妥的禁忌字詞卡、一個計時器（可用手錶），以及一個蜂鳴器（或者可成為「可憐人的蜂鳴器」的吱嘎響玩具）。

教師先將全班分為兩隊，每隊有半量的卡片一疊，其正面朝下；接著，從兩隊各選出一位代表坐到教室前方的桌子旁（或者站在投影機或講桌旁）。教師將計時器設為一分鐘（如果覺得學生需要更多時間可設為兩分鐘），教師喊聲「開始」，兩隊的代表就翻動第一張卡片並向隊友做出提示。在提示隊友說出卡片上方的單字時，不得使用線條下方的任何相關字詞或者字詞的任何一部分；然而，如果某位隊友說出卡片上的某個禁忌字詞，就可以在提示中使用這個字詞。做提示時，不得使用任何手勢、拼字、音效或旋律。

以下是一則舉例。待答的字詞是「副詞」，而禁忌的字詞有「形容詞」、「程度」、「方式」、「修飾」、「地點」、「說話」、「時間」及「動詞」。負責做提示的學

生可能會說：「這是一種字詞的類型，它能改變其他的字詞或像它一樣的字詞，而這些字詞通常在字尾後加上"ly"；此外，它能告訴我們事情做得如何。」

　　隊友可以隨時說出答案，如果隊友猜出正確字詞，該隊的提示講述者必須把猜對的卡片另放一邊，再從一疊卡片拿起另一張，然後給隊友新的提示。遊戲過程繼續進行到時間結束。

169

　　未做猜字遊戲的另一隊負責使用蜂鳴器（或吱嘎響的玩具）來顯示對手的違規行為——提示者故意使用禁忌字詞或所猜字詞的一部分，若違規屬實，提示者必須放棄這張卡片並由對方得到一分。如果猜字這一隊的提示者無法和隊友就所猜的單字有效溝通，他可以跳過這張卡片，但是對方同樣可得到一分。

　　遊戲繼續進行到兩隊都有相同次數的機會做提示，或者遊戲時間結束，為了趣味，教師可加入幾張與學生興趣有關的卡片，如最喜歡的書、新聞時事、電影或運動隊伍。

變化與擴充應用

　　這項技術很容易依據學生的需要而變化，每張卡片上包括的禁忌字詞愈多，遊戲玩起來愈困難，因為學生必須尋找較難的描述語以及思考如何表達概念。

　　玩過這個遊戲之後，學生對於遊戲的玩法與卡片製作會有正確的概念，教師可以鼓勵學生使用目前所學單元的字彙及概念，製作自己的一副禁忌字詞卡，別忘記要學生把卡片用橡皮筋或塑膠袋固定好，並且在遊戲的一兩天前交給教師保管。藉著評量學生對所學單元的理解程度，好好玩場遊戲吧！

摘要類別
技術 44

考試筆記
Test Notes

170　　我們多數人都曾經遇過教師或教授讓我們在考試時「使用筆記」──只要這些筆記寫在標準三乘五吋大小的索引卡上。還記得怎麼進行嗎？考試前一天，我們狂熱地寫下所有東西──用小小的印刷體字寫在卡片上，並以短短的線條相互劃分主題（見圖28）。如果有些內容太長，就把它節略以便寫得下，由於不是所有內容都能納入，我們決定寫下簡單的記憶口訣幫我們記憶教材。我們覺得不需要花費任何時間讀書，因為已經有了索引卡的安樂毯（譯註：指令人感覺舒適安全）。當然，後來我們了解自己被騙了，因為製做索引卡片強迫我們思考教材並將其摘要，我們其實一直都在溫書和學習。

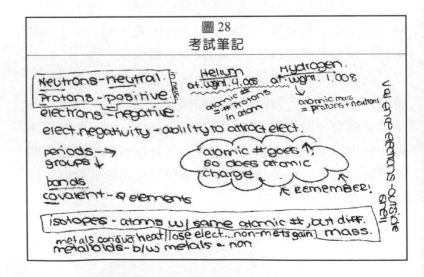

圖 28
考試筆記

基本程序

在大型考試的一、兩週之前，教師向學生宣布他們在考試時可以使用筆記，只要這些筆記符合標準的索引卡大小；教師發下卡片，同時也保留一疊備用的額外卡片，並向學生再次保證：的確，他們可以想寫多小的字就寫多小，也可以包括任何幫助他們考得好的筆記內容，如定義、名字、日期、公式及圖表等等。如果教師考慮學生可能相互抄襲卡片，可以要求他們在課堂上完成卡片，然後為他們保存卡片到考試那一天。

變化與擴充應用

全國初級中學協會（Middle School Association）的助理執行主任 Jack Berckemeyer，曾經講過一個關於使用考試筆記的故事。傑克在某個重要考試的兩週前左右，向學生宣布，他將允許在考試時使用他們自己的筆記，內容最多四頁。所有學生都很興奮！四頁，有充足的空間可以用小寫的印刷體寫下任何東西，包括教科書的主要部分。過了幾天，在每位學生都寫好他們的筆記之後，傑克宣布說，有位家長發現了有關考試筆記的事，並抱怨教師這樣做似乎是在矇騙她，而為了尊重這位家長，他必須將考試筆記縮減到一張單頁的筆記紙大小。學生抱怨了一番但不致太大聲，因為還是有許多寫字的空間，他們以刪掉某些東西和節略其他內容的方式，重新製做筆記。

在考試前幾天，傑克以假裝的失望神情回到班上說，校長對使用筆記這件事已經聽到風聲，接著要求筆記內容不得超過一張索引卡的一面。學生又低聲抱怨了一番，但還是在卡片上記下所有能記下的內容，並拋棄掉單張的筆記。現在學生已經抄寫和摘要筆記三次了，他們熟練到能

171

在睡夢中咕噥教材內容，他們也對內容倒背如流──不論分類或不分類、有無頭字語。考試當天，學生把卡片放在桌上並且從未用過。

思考－配對－分享
Think-Pair-Share

　　傳統的做摘要方法是一套程序，遠大於是一項特定的 172
提示。在整個學年之中，「思考－配對－分享」可以分開
使用，因為它讓學生與學習的主題確實互動。由於第一個
步驟（思考）是一項個別的活動，它不具威脅性；這種情
緒上的安全維持到第二個步驟（配對），因為每個人只和
另一個人分享；當以全班實施的第三個步驟（分享）到來
時，學生所分享的通常只是一、兩個概念或是對討論內容
的一般報告，並非某位學生的特定貢獻。

基本程序

　　教師要求學生使用藝術表現、寫作或只是安靜坐著，
來反省某一個學習主題，不過，最有效的方式是提供一套
結構，而不是任由學生使用自己的方法。接著，教師給學
生特定的提示以使他們聚焦在主題上，這些提示可以是簡
單的「記下至少五項你今天學到的新概念」、「列出此事
影響本社區公民的三個方面」，或者「它和＿＿＿＿有
什麼樣的類比？」

　　在經過幾分鐘腦力激盪可能的回答之後，要求學生配
對（或指定配對）及分享彼此的回答，並鼓勵彼此詢問澄
清的問題和延續的問題。（透過以學生或教師自己為楷
模，為全班示範配對小組的互動，這項技術教導起來會很
容易。）教師可對學生強調，這樣交換想法的目的，是為

了幫助修正及鞏固原來的想法。

　　學生要進行的下一個步驟是和全班分享這些概念，他們可以採用幾個方法：

173

- 每位夥伴分享其夥伴所做的一項有趣回答。
- 各組夥伴提出他們想分享的一、兩項觀察心得。
- 各組夥伴創造一件能表達其分享內容的成品，這項成品應該由教師決定，而且型式可以是藝術作品、表演、短篇文字報告或其他。
- 各組夥伴以線上班級檔案（online class portfolio）、網際網路或檔案庫（registry）等電子媒體方式，展示其最佳的想法（譯註：檔案庫的類型很多，與中小學生學習最有關的是彙集學童專題作業資料與成品的專屬網站，比如 Internet Project Resistry）。
- 各組夥伴提出其討論的內容，並將該資訊應用於教師展示的新題目，其對於該題目的回答將展示給所有同學觀賞。

變化與擴充應用

　　由於過程短又易於實施，多年來「思考─配對─分享」已成為教師最喜歡的教學活動。這項活動能確保每位學生都在做摘要、都在和資訊不斷互動，而不是在班級討論時只有教師點到名的三、四位學生才有機會做摘要或互動。只要有需要，思考─配對─分享的活動可以從六分鐘持續到半節課。我曾經在某些學年每個月使用數次，而且每次的實施都很成功。

規則本位摘要法
Traditional Rules-Based Summaries

技術 46

根據正式做摘要規則而來的直接摘要，對學生可能非　174
常有用，教師應該經常使用這類摘要，但也不必排除其他
型式。傳統的摘要常常相當主觀又有創意，因此，教師宜
使用本書第二篇列出的建議評鑑學生的摘要。

Marzano 及其同僚（2001）說得很對，做摘要的基本程
序可歸結為三個步驟：刪去資訊、替換資訊、保留資訊。
在做摘要時，知道哪些資訊應該刪除、替換或保留，需要
以本書第二篇列出的條件為基礎，例如學生的先備知識、
文本或學習經驗的結構、心智準備度、字彙廣度、學習目
標的設定，以及事先決定資訊如何區塊化等等。

欲發展學生在刪除資訊、替換資訊、保留資訊方面的
做決定能力，教師必須提供重複的模式和練習機會，其過
程宜公開實施，可以先要求學生閱讀白報紙或投影片內容
並做摘要，然後教師扮演學生角色，以放聲思考示範如何
摘要一部分的內容，比如下列：

「現在，我需要拿掉哪個部分？好，這個句子重
複了那個句子的意思，所以我把它劃掉（整句畫一條
線）。這部分只是贅述（整個畫一條線），但那部分
還可以（圈起來）。我的老師說這段屬於那個部分，
所以，我需要把它保留但是刪去這邊的其他內容，因
為在我們目前所做的專題中，老師沒有提到它是必要

的部分（整個畫一條線）。」

175　　　Marzano 及其同僚也像 Browne、Campione 和 Day（1981）一樣，提到根據規則來做摘要。這類方法將有效的做摘要過程劃分成基本步驟，它不再是其他學生擁有的神祕技巧，所有人都可以學習，甚至包括那些學習過程艱辛的學生在內。

基本程序

傳統的或規則本位的摘要寫法包含了四個步驟：

- 在看起來似乎草率或不重要的地方畫刪除線，例如形容詞、附帶評論、相似的舉例及轉折詞（雖然摘要者應該留意作者透過慎選轉折詞所加諸的邏輯）。
- 在多餘或重複的地方畫刪除線。作者可能有意詳細闡述，但若讀過第一則舉例或說明就能了解作者的意思，不需要為了節略作者傳達的訊息而保留其餘文本。
- 以一般術語取代特定術語，例如，如果原始文本列出「蒼蠅、蜜蜂、蚊子及飛蛾」，可用「會飛的昆蟲」取代之。
- 最後，為摘要的資料選擇一個好的主題句。請記得每個主題句包括兩個部分：主題以及作者對主題的主張。「民權」不是主題句而是一個主題；「民權遭到國家安全法的負面影響」才是主題句。

使用"T-RG-TS"或"TARGETS"的頭字語，學生可以輕易記得這四個步驟：

T—Trivia（移除不重要的資料）

R—Redundancies（移除多餘或重複的資訊）

G—Generalize（以一般的術語和片語取代細節或清單）

TS—Topic Sentence（決定主題句，它是主題加上作者對該主題的主張）

當做摘要的時間到了，學生將辨別學習教材的目標（目的），然後實施TARGETS的做摘要步驟。用這套記憶工具，學生不會忘記所有的步驟，即使做更多創新式的摘要，傳統的、規則為本的方式仍然非常有用，因此這項技術值得學習和定期複習。當學生更成熟、有更多練習機會時，他們會改進做摘要的能力，然而回饋很重要，如果能給學生時間來分析哪些有用、哪些無用，他們將會理解和應用傳統的做摘要方法。

變化與擴充應用

學生可能比較容易記得前面提到的前三項步驟：刪除、替代及保留。教師可以協助確定這些步驟的記憶技巧，若取頭字字母 D、S、K，再以任何的順序排列，可以寫成：Kids Summarize Daily? Students Dare to Know? Say, Do, Know?（學生每天做摘要？學生勇於求知？說、做、知？最後一則是學習事物的極佳順序！）對學生而言，最重要的是由他們自己設計記憶方法。

如果只用一、兩次，這項摘要技術將無法對所有的學生都有用，因此做練習很重要，宜指望學生在第三或第四次使用時發揮更多的做摘要效能。教師也不宜忘記，這些練習的最佳實施方式為個別或分組坐著寫摘要，或者由某些學生為全班示範放聲思考——不是為教師做示範。在練習做摘要的前一、兩天，和領導示範的學生一起合作準備是值得的，以利對全班提供最佳的技能演示。

摘要類別

技術 47

三人問答
Triads

177　在籃球運動中，若手中有球的球員停止運球，他不能再次運球，他必須站在球場上的那個定點，把球傳給另一位隊友或者將球射進籃框，他能做的最多是以腳為支點轉身──一隻腳固定而另一隻腳向任意方向移動。這不是有利的姿勢，因為對方球員有很好的機會可以把球抄走。

當教師在班級討論時表現得像單腳定點的球員，相同的情形發生了：人被釘住又耽擱比賽的進行。在傳統「單腳定點」的位置，教師負責處理學生發言內容的意義然後做摘要：教師對某位學生問問題，學生回答之後，教師要澄清、質問及節略學生的回答，要幫助其他學生理解，以及個別回應那位學生的發言。當然，問題在於：應該是由學生而非教師去澄清、質問及節略發言內容，應該由學生幫助其他人理解，應該由學生對同學和教材做出回應。做回應的人就是正在學習的人，而被動坐著觀看別人回應，只能獲得很少的知識──如果有收穫的話。三人問答以及其他相似的策略是改變這種班級師生習性的方法。

基本程序

當全班學生複習、做摘要或進行討論的時間到了，教師以問問題開始這項活動。同組三位學生中的第一位將負責率先回答問題，其他兩位因擔心被點到名，因此也一樣專心。當第一位學生回答教師的問題之後，教師對他的回

答不表示個人意見，而是就其回答修改方向後再問第二位
學生：「（第二位學生的名字），請提供證明來支持或反
駁（第一位學生的名字）剛才的講法。」當教師這樣做
時，他是一位促導者，而理解同學回答內容的學生則是當
下的學習者。

178

第二位學生提供支持的細節，或者，就否定或支持第
一位學生的發言（全部或部分）提出理由。教師接著點名
第三位學生，由他評價第二位學生的主張及其為第一位學
生所提出的證明。

現在，教師回到第一位學生，要求他對同組同學的講
法做出最後的辯駁或評論。當教師從一位學生換到另一位
學生時，同組二人不能讓他們自己的心智鬆懈；相反地，
在每個提示提出之後，他們的心智被鼓舞並充滿能量。當
教師提出問題時，學生會考慮他們的回答，以及猜測教師
是否會叫到他們的名字，雖然有些學生可能暗自祈禱教師
不會點到他們。當教師點名第一位學生時，同組學生無法
鬆一口氣，因為他們知道教師可能指名要他們對第一位學
生的主張提出證明或表示反對；為了相同的理由，這三人
在第二位學生被點名之後同樣不得喘息、同樣無法不理
睬；而第一位學生不得休息或無法不理睬，是因為教師稍
後會回來要求做最後的評論。如果我們有類似的遞換點名
的教室文化，學生的認知中樞將會以較高的警醒程度運
作，使得學生專注於學習而教師聚焦在教學。

在三人問答的教學活動中，教師有三種角色：⑴確定
被傳達的資訊沒有錯誤；⑵點名下一位學生回答問題；及
⑶提出第一個問題以及臨場想到的一些延續的問題。我們
可以採用誘導性問題（leading questions）來修正不正確的資
訊，這類問題要求學生在繼續問答之前重新檢視自己的主
張或結論，然後教師可以在學生理解概念之後，將提出問

題（發問）的權力交給學生。不妨想像當學生自己實施三人問答時產生的啟發性教學與學習，只要給予良好的示範和反省學習經驗的時間，他們就能做到。

變化與擴充應用

不是每一種摘要學習內容的討論都適用三人問答，但可以取其概念應用之，例如，一位學生在全班面前做數學的解題，第二位學生找出其運算是否有錯誤，而第三位學生將宣告第二位學生的分析是否正確。在音樂課、外語課或劇戲課，三人問答的活動方式相同，重點在於增加與教材互動的學生人數，以及使學生而非教師處理學習經驗的程度達到最大。教師要讓學生交談、要讓學生理解概念與技能，如果由教師處理學習內容和技能，學生的學習就會衰退，比如突然間讓學生覺得，遠處牆上掛了月餘的午餐菜單，比目前上的課還精采。

增加三人問答在摘要教材方面的應用，開始時似乎會有點冒險，因為學生要說更多的話而教師不一定確知他們將說些什麼，然而，由於教師所做正好投合大腦的社會互動需求，教師將更能控制學習和學生的行為。教師是促進每一個步驟的人，值得冒險讓學生教導你如何帶領討論。

摘要類別

技術 48　　獨特的作業
Unique Summarization Assignments

　　每天教導超過三十二位以上學生的教師們可以證實，　　180
我們需要相當的成熟度才能夠埋首評分第 131 位學生的摘
要作業，該份作業完全和第 130 位學生的一樣，而第 130 位
學生的作業又完全和第 129 位及第 128 位學生的作業一樣。
但是解脫就在眼前。改變學生與資訊的互動方式能導致兩
種令人驚訝的結果：教師樂於評量多元的學生反應，以及
學生呈現創新的反應──超越學生在其他方面可能達到的
情況。

基本程序

　　這項技術中的每項策略，都要求學生以特定的格式為
特定的對象複習和傳達概念、事實或技能。摘要也必須完
整正確，學生可以在經歷任何學習經驗之後做摘要，例如
藝術活動、示範、校外參訪、閱讀、模擬、技能發展活動
或錄影帶觀賞；他們也可以在一、兩節課或大單元教學之
後做摘要。

　　做一份另類格式的摘要，其需要的嚴謹度、心智敏捷
度及專門技術甚於更傳統的作業，後者例如「寫出黑體字
的定義」或「寫出一段文字說明_____最重要的三項特
色」。舉例而言，如果我要求學生創作一份音樂主題餐廳
的菜單，我可能會在「小菜」的標題之下找到像下列的菜
名：

最弱的馬鈴薯——馬鈴薯如此輕柔，你會在吃它們之前低語幾個小時，記得淋上強音的無花果來增加音量。

181　　當評鑑這則例子時，我們知道學生對「最弱的」（pianissimo）和「強音」（forte）等術語的拼字與定義是正確的，然而他將資訊巧妙處理成這種格式，幫助了他以其他方法無法達到的方式內化學習內容，因為他必須以不同方式思考「最弱的」和「強音」之意義。

　　學生不需要被判定為資優，才能從實行另類的方法受益。當然，會有學生對於想法的領會超越其他學生，教師要鼓勵他們繼續努力。以極有趣和有創意的方式專注於學習內容時，所有學生都能學習得很好，不妨想像，當要求學生創作下列任何作品時，學生將包括大量的資訊並創造有趣的事物：

- 有關假數的連環漫畫（對數的十進制分數部分）
- 關於二次方程式公式之神秘但正確的考古地圖
- 雙曲線的漸近線之田野指南（在 x 平方除以 a 平方減去 y 平方除以 b 平方構成的雙曲線中，數線 $x=a, x=-a, y=b, y=-b$ 可形成一個矩形及兩條對角線）
- 關於美國憲法第一、二、三、四、十修正案的著色書
- 表達總統繼位順序的饒舌歌
- 關於針葉林帶生物群落的購物清單
- 一幅壁畫，它正確表達美國聯邦政府行政、立法及司法三分立機構之間的制衡
- 能教導觀察者經度與緯度的雕像或動態雕塑
- 來自奧賽羅謀殺罪審判的法庭劇本

- 以液量和乾量（liquid and dry measures）為題的立體圖片書
- 關於化學元素原子價的肥皂劇
- 使用介詞的「通緝：死活不論」海報：「他最後出現在歐弗（Over）山丘和戴爾（Dale）沙龍，在桌旁、在黑暗中，都受到其他流氓的嚴密監視。」

變化與擴充應用 　　　　　　　　　　　　　　　182

如果你才剛剛開始，表 29 包含了大量可能的另類摘要活動。

表 29 獨特的做摘要想法		
藝術與視覺的	壁畫	**聽覺與口語的**
書衣	博物館地圖及導覽指南	廣告
佈告欄	小冊子	比較
保險桿貼紙	個人敘述的動態雕塑	對話
日曆	（Personal narrative mobiles）	就職演說
字幕		訪談
光碟封面	統計圖表	電影評論
麥片盒	圖畫書	頌歌
證書	比賽計畫	口述歷史
著色書	立體圖片書	勸說文
漫畫書	明信片	詩作
連環漫畫	電腦簡報的呈現	詩的讀本
廣告	木偶戲	廣播劇
翻頁書	評量指標	辯駁
塗鴉	科學小說草稿	諷刺和嘲諷的作品
象形文字	雕像	續集與前篇
附插圖的民間故事和傳奇	旅遊宣傳單	講道
地圖	旅遊海報	歌曲與饒舌歌
菜單	懸賞海報	演講
電影海報		婚禮誓詞

表29

獨特的做摘要想法（續）

公民與法律的	日記	科學的
證書	族譜	符碼
憲法	民間故事、傳奇及神話	比較
契約	頭條	評鑑
財產	象形文字	田野指南
就職演說	歷史小說	入門書
工作申請	就職演說	非正式和正式的觀察
警方報告	博物館地圖及導覽指南	資訊報表
抗議信	報紙	實驗說明
辯駁	口述歷史	手冊
履歷表	統計圖表	評量指標
關係人的會議報告	標語	進度表
審判紀錄	時間線	科學小說草稿
遺囑		電子試算表
		調查報告
	音樂的	氣象預報
電腦本位與電子的	音樂樂譜	
亞馬遜網站的推薦	頌歌	
符碼	安魂曲	書寫的
電子雜誌	歌曲與饒舌歌	建議欄
工作申請		年鑑條目
手冊		字母書
電腦簡報的呈現	表演為本的與動作的	動物故事
電子試算表	角色簡介	註解書目
電報	廣告	自傳
網站	遊戲	傳記
	笑話和謎語	書衣
	獨白	保險桿貼紙
地理的與旅遊為重的	勸說文	字幕
地圖	詩的讀本	麥片盒
博物館地圖及導覽指南	木偶戲	證書
旅遊宣傳單	廣播劇	角色簡介
旅遊海報	食譜	觀眾選角扮演之故事
	諷刺和嘲諷的作品	（Choose-your-own-ad-
歷史的	科學小說草稿	venture stories）
年鑑條目	劇本	著色書
自傳	續集與前篇	漫畫書
傳記	肥皂劇	連環漫畫
憲法		

表29		
獨特的做摘要想法（續）		
廣告	日誌	食譜
憲法	信件	安魂曲
契約	雜誌	羅曼史
口記	菜單	諷刺與嘲諷作品
定義	隱喻	科學小說草稿
電子郵件（印出的）	迷你教科書	劇本
後記	獨白	續集與前篇
（褒貶人的）表述詞語	電影評論	講道
評鑑	博物館地圖與導覽指南	恐怖故事
田野指南	推理故事	標語
翻頁書	圖畫書	肥皂劇
民間故事、傳奇及神話	比賽計畫	演說
塗鴉	電腦簡報的呈現	運動報導
購物清單	報紙	關係人的會議報告
頭條	頌歌	調查報告
歷史小說	小冊子	電報
入門書	勸說文	致謝便條
即時訊息（印出的）	詩作	旅遊宣傳單
就職演說	立體圖片書	結婚誓詞
索引	明信片	分類電話簿
工作申請	抗議信	
笑話和謎語	辯駁	

　　教師不必成為任何上述建議格式的專家，只要身為學　184
科內容和學生的專家即可；教師是一位促導者，而且必須
信任學生有能力接受挑戰。在實施這項技術時，只提供學
生三到五項符合所教主題的選擇，而不是所有項目，但若
想到時，可以在這份清單上加入你自己的想法。你要給學
生擴展心智的機會，並在課堂上使用另類的摘要格式，以
增加教學實踐的新能量。

　　有一年，當我教導學生身體系統的知識並要求以製作
立體圖片書來摘要所學時，我必須花幾週的時間親自向社

區人士解釋這項指定作業。當時我教的是所有的身體系統——如果你了解我的意思，而有些學生利用這個機會……嗯……特別展示了某個具有彈起特性的身體系統。

改變動詞
Verbs? Change Them!

　　有時教師提出的摘要提示無法引起學生的動機，其原　　185
因可能是這些提示已經了無新意。即使我們自己都會對寫
這些相同的提示感到無聊，例如「比較這項與那項」或者
「指出五項這個對那個的影響」，而我們本來應該對任教
的學科充滿熱忱。建議從改變摘要提示的操作動詞（action
verbs），來為你的學生作業注入新的生命。

　　請比較下列提示：

提示 1：描述詹森和林肯兩位總統在艱困時期領導
　　　　國家的不同方式？

提示 2：以詹森總統可能做出的排序，將下列政府政
　　　　策依照其重要性加以排列，然後說明如果
　　　　是由林肯總統來排序的話，順序會有什麼
　　　　不同？五項政府政策列出如下。

　　第一則提示只是要求學生做資訊報告，寫出答案不需
要太多的思考，而且只要從網路上剪貼文章幾乎就能完
成。這種方式是照抄資訊，以及只要求學生以邏輯的順序
將可接受的句子記錄下來，這使得抄襲與冷淡的態度就在
學生的眼前蠢蠢欲動。

　　然而，第二則提示要求學生使用資訊以得出結論。視
學生的詮釋而定，排序是可以辯論的。這項作業會稍微提

高學生的焦慮程度，例如某位學生思考著：「我能理由正當地把這項列為詹森的第一項政策，或者它應該是第二項？讓我查查筆記、仔細考慮。」簡言之，第二項提示更引人注意，也因此更難忘記。兩則提示之間最大的改變是動詞，從「描述」改成了「排序」。

186 基本程序

教師寫下想要學生摘要的知識，如「月球如何影響地球」；下個步驟為，考慮是否要學生根據基本的提示來回答（「月球對地球有哪些影響？」），或者在提示上多下點工夫。

有很多理由支持堅持使用直接明確的問句，不要不重視這類問句，有些學生或有些狀況需要維持簡單的提示，但如果教師每次都這樣做，學生會在長期耗時費力之後失去興趣；他們的心智成長機會也會變得很少，他們的作業表現則變得乏善可陳。寧願過於平衡也不要冒險犯錯，教師應該混合提供簡單的與複雜的提示。

在上述例子中，讓我們考慮這則提示：「想像某個地球從未有過月亮，這會有什麼不同？」在考慮幾個選擇之後，評估新操作動詞（如「想像」）的加入能否促使學生如同教師期望般地複習教材。有時操作動詞會使學生的學習未能真正實踐教師的目標，因此必須分析所選擇的動詞。

如果提示將焦點維持在教師想要學生摘要的學習內容上，保留這些提示。由於擁有權（ownership）是有力的動機，我有時喜歡設計數則提示，再讓學生選擇一則他們想回答的，當然，所有可選擇的提示都要求學生聚焦在相同的內容上。

表 30 列出的操作動詞能鼓勵學生與學習內容有更多互動，而不只是使用「描述」或「列出」。

表 30 建議的動詞			
分析……	對照……	對……找出支持……	預測……
提出反對……	創作／創造……	形成……	排序……
提出支持……	批評……	確認／區辨……	推薦／建議……
評估／評價……	評論……	想像……	重述……
混合……	判斷……之間……	推測／推論……	修訂……
歸類……	減少……	詮釋……	指出……
選擇……	辯護……	訪談……	簡化……
分類……	發展……	發明……	假定……
結合……	設計……	證明……有理……	為什麼（動詞）
比較……	評鑑……	修正……	……
構成……	擴充……	組織……	
建構……	說明／解釋……	計畫……	

變化與擴充應用

187

　　如果教師要求學生以下列方式做摘要，可以想見其資訊之豐富：

- 混合兩個概念成為一項一致的想法。
- 創作一首民歌，主題是關於一六二一年馬索蘇易特（Massasoit）部落前來與布萊德佛（Bradford）州長及其移民隊共進晚餐。
- 說明為亞馬遜河流域居民所設的網際網路，他們從未使用過電力，更別提電腦。
- 對於以民主制度作為建立國家的健全方法，提出支持與反對的理由，各立場至少提出兩個論點。
- 根據三項標準，將希臘的男性與女性神祇加以分類。
- 預測二十五年之內這個棲息地將產生的限制因子（limiting factors）。
- 以下列概念做為中心主題，重述一則你所選擇的

童話故事：(1)做出有益身心的決定；(2)使用團隊學習；(3)做正面的冒險；及(4)解釋何謂「如果你不是答案的一部分，就是問題的一部分」。

教師的工作不只是為了建立知識而呈現教材，如果課堂欠缺刺激的話，教師也必須激發學生學習。改變操作動詞是增加摘要提示品質的極佳方法，更好的是，它讓可能會漫無目的學生燃起興趣並增進能力。藉由提高提示的複雜度，教師可以使所有學生專注在學習內容上。

摘要類別

技術 50　灑字活動
Word Splash

188

開始上課時，教師提著一桶字卡走到教室的前面，桶內的字寫在細長的海報板上；在到達講台前，教師「不小心」絆到某件東西，並將桶裡的字卡灑出來。這時教師徵求幾位志願的學生幫忙，將今天上課要用的字卡以正確的順序放好；教師告訴幫忙的學生，把這些字卡依照適當順序展示在黑板前面或者牆面（用軟磁鐵膠帶、遮蔽膠帶或塑膠人頭釘固定都可以）。幾乎可以肯定的是，這些字會被歪斜地展示而沒有太多邏輯順序，教師接著要求學生大聲把展示的字詞唸出來，並且假定這些隨機聚集的字詞之間有某些可能的關聯，如此一來，學生將會上鉤，而他們的大腦會為接下來的學習做好準備。

灑字遊戲是一套型式完整的做摘要活動，雖然以「圈套」和大腦的準備開場，但它真正的力量來自課後，屆時，學生回到學習之前的活動，並使用新的洞察來理解學習內容。

基本程序

教師先確定想要學生知道的學習內容，以及希望學生根據內容連接而建立的關鍵字彙與概念清單，這些字詞可以是新的字彙或一般已知的術語，但必須符合今天的課程目標。教師可以使用我之前討論過的個別紙片法，或者像圖 31 一樣，藉著整張紙寫著歪斜的字詞，把字只是「灑」

圖31
灑字表樣本

在紙上。其他的選擇是把有字的紙片裝在小信封內，發給每一桌或併桌成一組的學生。

　　現在要求學生以邏輯順序幫忙將字和片語排列起來，教師會發現，學生往往做出沒有根據的連結，尤其如果教材是新的而且學生沒有參考架構可用時。當各組完成後，教師要求學生分享其想法，並且記下學生的不同詮釋，以及偶爾出現的有趣想法；然後，要求學生瞄準他們將要學習的事物，以及在閱讀或學習時將尋找的重點。

　　接下來，教師分發閱讀的材料、進行教學、做示範、引導學生觀賞錄影帶，或者做其他任何教導這份教材需要做的事；當課堂教學結束時，要求學生回到他們灑在紙上或桌上的字詞，並以小組方式學習，任務是將這些字詞以邏輯順序排列，以便做出一份剛才所學教材的摘要，其中字詞的安排必須完整正確。每一組學生會把字詞加以混合

及配對，圍繞著紙張或桌子移動身體，討論哪些字詞該屬於哪些以及哪些該移到下一個句子去。

　　學生將字詞安排好後，教師要求他們用片語和轉折詞，將這些字詞前前後後填空以寫成完整的句子，以及最後將各句子寫成結構良好的一、兩段文字。在要求各組分享其所寫摘要之前，教師要求他們回顧課堂所學或閱讀材料，以確定這份摘要納入了全部的所學內容，同時也做到正確、完整及清晰。

　　當各組完成之後，要求他們為方便全班的評論而分享對所學資訊的詮釋。當各組發表時，其他組評量該組發表內容之正確性、完整性及清晰度，例如，如果全班分為五組，全班將聆聽五份不同的摘要並分別給與評論，因此在評論完成之前，學生對摘要的資訊已經非常熟悉。接著，教師要求全班投票選出最佳的摘要，如果可能，可將這份摘要影印給全班學生。

　　最後，教師要花點時間聆聽學生的彙報。他們最初的理解正確嗎？若否，什麼事改變了他們的想法？如果其理解是正確的，他們在課堂學習之前有什麼背景，以及什麼因素使他們在字詞之間做出有效的連結？

變化與擴充應用

190

　　雖然我在許多學區的教學指南中看過不同格式的灑字活動，但這項活動的原創者是 W. Dorsey Hammond，他目前是馬里蘭州 Salisbury 大學 Salisbury 校區 Seidel 教育學院的院長。我曾經將該活動用於五個不同的學科，其效用都極好。

　　應用灑字活動時，教師必須謹記一則注意事項，由於人們對最先經驗的事物記憶最深刻，因此，不要花太多時間在字詞遊戲的部分——遊戲過程中學生會產生自己的創

意結論，可以讓學生玩一下，以產生驚奇感和對學習目標的覺知，然後就很快轉移到真正的學習內容。如果我們讓教學活動不斷進行，學生不會固著在稍早的錯誤概念，他們會把概念建立在即將發生的學習之上。

結論

本書中大部分的技術都是可以改變的，它們實施的時　191
間可長可短，可以納入或捨去美術與表演藝術的部分，也
可以採用書寫、口語表達及動覺的型式來完成。由於大多
數教師現在已經知道，學生的「聰明」表現在不同方面，
而且他們的最佳學習方式也不同，我們需要在課堂中納入
多元而不同的摘要經驗，以反映這些關於學生的知識。我
們應當運用這些摘要經驗，為教學實踐與效能注入新的生
命，而不是將其視為負擔，學生享受學習經驗變化、創意
及建構的樂趣，教師則從評鑑學生作品欣賞其實質而多元
的回應，學生會達成更多的學習結果，而我們也將重新發
現之所以進入教師專業的理由。

有時某些摘要技術比其他的摘要技術更為複雜，但它
們都是相同的東西──使學生過濾學習內容的精髓，並為
了長期記憶而將其處理或建構。在每一回的教學中，維持
學生的長期記憶就是我們為人教師的職責，馬克・吐溫曾
經警惕我們：「教學不是講述；如果是的話，我們所有人
將會聰明到無法忍受自己。」以大的格局來看，教師呈現
給學生的事物無關緊要，學生在離開學校之後帶走的知識
才重要，在學年結束時學生帶著走的學習結果，才是教師
專業、學區及整個社區的真實績效證明。有這麼多的成敗
關頭，我們不能將就接受只是陳述課程內容，然後將教材
丟給學生，讓他們以任何可及的方式學習，我們必須給予
學生學習教材的工具和意向。做摘要是其中一種方式，無
論任何年級與學科，它是改進學生學習最穩健的方法之一。

使用本書的摘要技術來發展學生做摘要的實際知識和

能力，並將其作為建構你自己想法的起始點，你可以自由
修正方向或改變規則，以完善回應學生的需要，你也可以
取用這些概念並使其更好。如有機會，請透過網際網路、
期刊文章、專書或會議的工作坊，和其他人分享你的改良
技術與另類方法。從第一年任教的初任教師到任教兩年以
上的有經驗教師，我們等待你們展現智慧。

192

附錄

文本樣本與摘要練習活動

194　　本附錄彙集原始文本的摘錄以及三篇以摘要練習活動為題目的學習單。附錄中的提示配合每篇原始文本的字母編序，當文本有幾個段落時，各段的編號亦列入。請自由影印這些附錄，並且在你的班級使用這些活動，或者將其當作你自己創作的催化劑。

　　雖然這些樣本必須是文字型式的文本，請記得，學生應該要有能力摘要以任何格式呈現的資訊。當你教導學生做摘要以及與學習互動時，不妨使用示範、校外參訪、錄影帶、網際網站及經驗式學習做為原始的文本。無論學習資源是什麼，相同的做摘要原理都可適用。

附錄 A： 蓋茨堡演說（一八六三）

華盛頓總統府，
一八六三年

[1]八十七年前，我們的先祖在這片大陸創建了一個新的國家，她為自由所孕育，並奉獻於人人生而平等的主張。

[2]現在我們正在進行一場重大的內戰，它考驗著如此為自由所生、如此為平等奉獻的這個國家或任何國家，能否長久存在。我們聚集在這場戰爭的一個偉大戰場上，前來獻出這個戰場的一部分，做為那些為國捐軀以延續國家生命之烈士的永久安息之地。此舉完全正確恰當，是我們應當做的。

[3]但是，從廣義而言，我們無法將這塊土地以烈士之名題獻、無法宣布其為聖地、也無法使其為聖地，因為在此地奮戰過的勇者，包括生者與亡者，已經將此地宣布為聖地，其神聖遠非我們貧弱的力量所能增減。世人將極少注意、也不會長遠記得我們在此說過的話，但永遠不會遺忘他們的作為。我們生者確實應該獻身於這項未完成的任務，在此奮戰過的他們迄今已如此卓越地將其向前推進。我們應該獻身於留在我們面前的偉大使命，那就是：我們要從這些光榮的先烈身上承擔更大熱忱，以奉獻於他們鞠躬盡瘁過的這份使命；我們現在要下定決心，不令那些亡者平白犧牲；我們要讓這個國家，在上帝眷顧之下，將有新生的自由；以及使民有、民治、民享的政府，不會從世上消失。

196　**附錄 B：亞伯拉罕・林肯致比克斯比夫人的一封信（一八六四）**

華盛頓總統府
一八六四年十一月二十一日

比克斯比夫人
麻薩諸塞州，波士頓

親愛的夫人：

　　我從陸軍部某件麻薩諸塞州國民兵團指揮官的報告獲悉，您就是五個兒子都在戰場上光榮犧牲的那位母親。我深深感到，我說的任何話必然是多麼的軟弱與徒然，而它本來應該努力使您忘卻這般令人無措的喪子之慟。但我無法忍住不向您致上安慰之意，這份心意，您或許可從他們捐軀挽救的合眾國對您的感謝中發現。我祈求，我們的天父可以安撫您喪親的巨痛，以及只留給您對失去之親人的珍貴回憶。而莊嚴的自豪必歸您所有，由於您在自由的祭壇上奉獻如此高價的犧牲。

對您非常誠懇崇敬的，
亞伯拉罕・林肯　敬上

附錄 C：幽默的商務信件　　　　　　　　　　197

甜牙‧巴特渥斯
1234 楓樹大道
煎餅堆鎮，加州 20171
二〇〇九年二月三十日

吉姆‧那西恩先生
12341234 運動路
體育公司
流汗維爾，北卡羅萊納州 10001

那西恩先生您好：

[1]我寫這封信是要抱怨我最近購自貴公司的可攜式籃球圈、背板及支柱，它們的品質令人無法接受，所以我想要回我的錢。

[2]每次我瞄準可攜式籃框射球，支柱就會自動旋轉到旁邊一呎遠，使得籃框偏離投球的路徑。如果我考慮籃框移動的方向來調整投球，支柱又會自動旋轉到另一邊去。當我嘗試助跑及灌籃，籃網、背板、籃框及支柱竟然都站起來跑掉。我知道我訂購的是可攜式籃球框，但這實在太可笑。請你試著向我的鄰居解釋這種情況！我無法練習射球，老實說，我覺得自己居然被一個籃框排斥。我不確定這個籃球框是否有個壞脾氣或者只是害羞，但是在我看來，它壞掉了。我的朋友哈利波特看我打球時只是站在一旁微笑，似乎他知道關於這些籃框的事，但我不想知道原因，我只要賠償。

[3]請就這項差勁的商品給我完整的退款，以讓我回復健全

的心智與自尊。請寄一張美金 4,236.79 元的支票給我，我也可以接受脾氣更冷靜的籃框做為替換。謝謝您對這件事的關心。

祈願藍天和世界和平的，

甜牙‧巴特渥斯　敬上

附錄 D：記敘性描述 198

　　水分從大片的香蕉樹樹葉滴下，落在潮溼的土壤裡。每過幾分鐘，他必須拉開黏貼在腹部的襯衫。他臉上的汗水聚成水滴，沿著眉骨和臉頰的曲線滾下。呼吸就像是從吸管中吸進泥水，他希望，至少能有一次獲得一口清新乾淨的空氣，但是每次吸進去的還是一樣——潮溼而充滿霉味的氣息。徒步走上能俯視馬雅遺跡的陡坡，使他的雙腿好像變成煮熟的麵條，他停下來，第七次打開地圖，注意到他的手指皺得好像經過一次長泳。

199　**附錄 E：評論驚嘆號**

（Lewis Thomas 作，一九七九）

　　驚嘆號是最惱人的標點符號。看！他們說，看看我剛說的！我的想法多令人驚奇！這好像是被強迫看著某人的小孩在客廳中央瘋狂跳上跳下又大聲嚷嚷以吸引注意。

摘自：Thomas, L.著。《水母與蛇：更多的生物觀察筆記》。
（重印版）。紐約：企鵝出版社。1995，第127頁。
（*The medusa and the snail: More notes of biology watcher*. Reprint edition. New York: Penguin Books, 1995, p. 127.）

附錄 F：哈克‧芬評論寫作
（由馬克‧吐溫寫出，一八八四）

200

　　所以沒有什麼事情可以再寫了，對此我倒是很高興，如果早知道寫一本書會惹來的麻煩，我當初就不會寫，以後當然也不會再寫。

　　（譯註：出自《頑童歷險記》一書的最後一段。）

201　　**附錄 G：《淺藍的小圓點》節錄**

（Carl Sagan 作，一九九四）

　　在圍繞的一大片黑暗宇宙中，我們的星球是個寂寞的小圓點。以我們的卑微處在整個浩瀚之中，沒有線索顯示，將會有來自他處的協助將我們從自己手中解救出來……據說天文學是一門使人謙卑和培養品德的學習經驗，也許沒有比我們的渺小世界的遠距形象，更能證明人類的自負是愚蠢的。對我而言，它強調我們有責任對彼此更和善，以及有責任保存與珍惜這淺藍的小圓點——我們所知唯一的家。

摘自：Sagan, C.著。《淺藍小圓點：人類在太空的未來願景》（平裝版）。紐約：巴倫汀，1997，第 7 頁。（Sagan, C. *Pale blue dot: A vision of the human future in space.* Paperback edition. New York: Ballantine books, 1997, p. 7）

附錄 H：「輕騎兵進擊」（The Charge of the Light Brigade）

（Tennyson 爵士作，一八五四）

半里格、半里格　　　　　砲彈、彈殼落如暴雨
向前半里格　　　　　　　他們大膽騎越人安好
在死亡谷中的　　　　　　進入死亡隘口
驃騎六百正疾行　　　　　進入地獄入口
「前進，輕騎旅！」　　　驃騎六百正疾行
「突襲砲兵去！」
他說　　　　　　　　　　他們的軍刀出鞘亮閃閃
進入死亡谷　　　　　　　他們的軍刀高舉亮閃閃
驃騎六百正疾行　　　　　軍刀刺向那裡的砲兵
　　　　　　　　　　　　進擊整個敵軍

「前進，輕騎旅！」　　　在世人皆驚訝時
可有人驚恐　　　　　　　衝入砲陣煙霧裡
領軍士兵猶未知　　　　　直接突破敵防線
有人鑄大錯　　　　　　　哥薩克人、俄羅斯人
部屬他們無回應　　　　　踉蹌在揮舞的軍刀下
部屬他們不知情　　　　　殘軀破碎又斷裂
部屬他們唯有戰與死　　　襲擊後他們往回騎
進入死亡谷　　　　　　　但已非
驃騎六百正疾行　　　　　已非驃騎六百名

大砲向他們右方射　　　　大砲向他們右方射
大砲向他們左方射　　　　大砲向他們左方射
大砲在他們的前方　　　　大砲在他們的後方
齊射連發、聲如雷響　　　齊射連發、聲如雷響

砲彈、彈殼落如暴雨　　　　他們的榮耀何時會褪色
當戰馬與英雄倒下　　　　　啊，他們的瘋狂進擊
他們已力戰竟功　　　　　　世人皆想知道
行過死亡隘口　　　　　　　向他們的進擊致敬
歸自地獄入口　　　　　　　向輕騎旅致敬
以他們全員之剩餘　　　　　高尚的六百驃騎
六百驃騎的剩餘

（譯註：本詩歌頌克里米亞戰爭中在 Balaclava 襲擊俄軍的英國輕騎兵旅，在這次自殺式的襲擊中英軍傷亡頗多，犧牲重大的原因之一是指揮混亂。「里格」是指距離。）

附錄 I： 太空梭的描述 　　　　　　　　　　203

太空梭的三個主要部分包括軌道運行器、外部燃料箱及兩個固態燃料助推器，它在發射時的重量是四百五十萬磅而高度是 184.2 呎，它的翼稍寬度為 78.06 呎、長度為 122.2 呎。太空梭的三座引擎能產生四十七萬磅的推進力，而兩個固態燃料助推器則能共同產生五百三十萬磅的推進力。它在每次飛行任務中能承載六萬五千磅的貨物。

204　附錄 J：教師對學校幫派的評論

　　中學生通常從組成「仿效名人」（Wannabee）幫開始參與幫派，這類朋友組成的團體聽說過或甚至親眼看過高年級的幫派活動，然後以幫派生活中危險較少的方面進行試驗。中學生有時也透過較長親友的介紹加入較舊的幫派，我的一位學生告訴我，他成為幫派一員是因為十九歲的幫派老大有一部車以及會帶他們出去閒晃。當我向某位帶一年級學生出去玩的十三歲學生比較此種關係時，他看不出有什麼問題，他說：「他有部車，老兄，那有什麼了不得？」

附錄 K：對青少年冷漠態度的看法　　205

[1]青少年的冷漠態度是許多事情造成的結果。首先，青少年看電視看太多。電視是被動的，亦即它不需要任何的互動或活動，青少年只需坐在那兒以及沉浸在為了娛樂而重複的廢話中。當父母進來房間和他們說話時，青少年以無精打采的聲音懸著張開的嘴說：「好！」當朋友打電話來時，在節目播出時段不想被打擾的電視青少年會說謊，告訴他們的朋友說自己身體不適。研究已經證實，每週看電視超過六個小時的學生，在其校的成就較低，而原因大部分是來自他們認為做功課太無聊又太累。

[2]另一項造成青少年冷漠態度的因素是，社區中缺少可做的令人興奮之事。大部分的社區活動以兒童、家庭或甚至成人為對象，沒有讓青少年聚集的活動。

[3]最後，許多青少年對學校功課感到厭煩、不在乎，因為他們看到其他人過著辛苦的生活，於是他們懷疑——何必費心？他們需要有熱忱的成人以令人信服的方式告訴他們成功之道，青少年想要知道，他們能做一位好的朋友、他們有可以貢獻的能力，以及有他們在旁陪伴是愉快的。

[4]青少年會關心生活，他們也會成就更多的事，如果把電視機關掉、如果社區提供安全有趣的青少年聚會活動，以及如果態度積極的成人花更多時間和他們在一起。

206　**附錄 L：三維立體**（Three-Dimensional Solids）

3-D 立體	面的數量	邊的數量	頂點的數量	評論
立方體	6	12	8	所有的面都全等
矩形稜柱	6	12	8	以邊的形狀來命名
三角形稜柱	5	9	6	
五角形稜柱	7	15	10	
三角形角錐	4	6	4	以底的形狀來命名
四角形角錐	5	8	5	
五角形角錐	6	10	6	
圓錐體	2	2	1	
球形	1	0	0	

附錄 M：圖書審查與《頑童歷險記》

[1]人們質疑圖書或查禁圖書，因此他們可以保護兒童免於接觸難對付的或者不適當的概念或資訊；或者，因此他們可以禁止其他人接觸到不希望其知道，或被認為終究將威脅政府目標的資訊（例如，德國納粹黨在大屠殺期間焚燒圖書）。質疑一本書，是一種以排斥某人或某團體為基礎，而除去或限制圖書內容的企圖；查禁則是除去圖書資料，從而限制其他人的接觸。

[2]馬克·吐溫的書《頑童歷險記》常常受到全美國學校系統的質疑和查禁。作家 Jamey Fletcher 對於該書被誤解和查禁感到很沮喪，他說：「即使到今天，我們對為了對抗我們主張要對抗的那些事情而寫的書，還是這麼常常加以譴責。馬克·吐溫的《頑童歷險記》最常被引用為種族主義者的著作，而當時該書是為了反對奴隸制度和種族主義而寫。」Samuel Clement 這麼說。

[3]關於《頑童歷險記》對青少年和寫作的影響已經有許多討論，包括出自海明威的評論，他說：「所有現代美國文學的源頭都來自馬克·吐溫所著的《頑童歷險記》，所有美國作家的寫作都出自於它，在它之前沒有其他的典範，在它之後也沒有像它一樣的傑作。」《頑童歷險記》在一些地方受到查禁，甚至包括當時馬克·吐溫居住之處。馬克·吐溫嘲笑這種舉動並告訴他的編輯說，查禁肯定會讓這本書賣到兩萬五千冊，而在評論《頑童歷險記》的毀謗者時他又說：「在智慧這件事上，上帝沒有很厚道地對待他們。」（譯註：意指毀謗者不明智。）

208　附錄 N：《哈姆雷特》節錄

霍拉旭：我不知道究竟應該怎樣想；

　　　　可是，大概推測起來，

　　　　這恐怕是國內將有奇特變故的預兆。

（第一幕，第一場，第 67-69 行）

波洛涅斯：……你必須對你自己忠實；

　　　　　就像黑夜必須繼白晝而來的運行之道，

　　　　　對自己忠實，才不會虛偽對待任何人。

（第一幕，第三場，第 78-80 行）

附錄O：運動報導　　　　　　　　　　209

[1]蚱蜢明星足球隊上週六射入決勝的一球，而以五戰三勝
的成績贏得錦標賽冠軍，Tackleberry靠著Shinkicker、No-
hands及Kleetcaker的做球助攻最後射進一球。Clipboarder
教練說，這支隊伍在這週的比賽攻球速度太慢，連續輸
了三場，「但是女孩們後來幾天不知怎麼地醒轉過來，
整個團隊昨天和今天都振作起來迎頭趕上，表現出她們
應有的實力。我們實在以她們為傲。」教練說。

[2]做為慶祝活動的一部分，這支隊伍週四將在華盛特區的
白宮與總統共進晚餐，接著將出國進行為期九個月的世
界之旅，在五個不同的國家舉行巡迴賽。當被問到對於
足球之旅有什麼感想時，Lynn Marie答道：「我該怎麼
向我的籃球教練說？」

210　　　　　　**活動：決定主題句**

姓名：_____日期：_____

說明：就下列原始文本，圈選出整段敘述合理的主題句，然
　　　後再圈選其主題，並在作者關於主題的主張下劃線；
　　　如果該題並無合理的主題句，請圈選「以上皆無」。

原始文本：蓋茨堡演說（A，1）

1.我們國家開始重新推動自由。

2.人民要求平等。

3.創建我們國家的先賢們，以要求自由平等做為立國基礎。

4.幾乎九十年前，我國開始立國並且專心奉獻。

5.以上皆無。

原始文本：幽默的商務信件（C，2）

1.無論我做什麼，籃球框和支柱一直到處移動，它真的很
　困擾我。

2.籃球框和支柱有問題，我不確定是什麼問題。

3.我的鄰居問我關於我的怪異籃球框和支柱的問題。

4.我想要回我的錢。

5.以上皆無。

原始文本：記敘性描述（D）

1.天氣既熱又潮溼。

2.馬雅遺跡座落在潮溼的叢林中。

3.叢林才剛剛下過雨。

4.他的身體因為健行和潮溼，變得疲倦又溼透。

5.以上皆無。

活動：寫出主題句　　　211

姓名：＿＿＿＿＿＿＿＿＿　日期：＿＿＿＿＿＿＿＿＿

說明：對每一篇文本寫出一句主題句。

1.原始文本：評論驚嘆號／Lewis Thomas 作（E）
主題句：

2.原始文本：哈克‧芬評論寫作（F）
主題句：

3.原始文本：《淺藍的小圓點》節錄／Carl Sagan 作（G）
主題句：

4.原始文本：太空梭的描述（I）
主題句：

5.原始文本：教師對學校幫派的評論（J）
主題句：

6.原始文本：對青少年冷漠態度的看法（K，1）
主題句：

7.原始文本：圖書審查與《頑童歷險記》（M，2）
主題句：

8.原始文本：運動報導（O）
主題句：

212　　　　　　**活動：評鑑摘要**

姓名：＿＿＿＿＿＿＿＿＿日期：＿＿＿＿＿＿＿＿

第一部分

說明：就每篇文本評鑑列出的摘要，將你的評鑑記錄在另
一張紙上，並使用下列標準判斷摘要的有效性。

· 此摘要是否傳達正確的資訊？
· 此摘要是否太狹窄（侷限）或太廣泛（概括）？它
是否傳達了所有的要素？它是否傳達太多訊息？
· 使用這篇摘要的其他人，是否能獲得了解這個主題
所需要的所有資訊？
· 如果順序是重要的，所有項目的順序是否正確？
· 摘要作者是否省略其意見，以及只報導原始文本未
被扭曲的精髓？
· 摘要作者所做的改寫是否成功？

1.原始文本：亞伯拉罕·林肯致比克斯比夫人的一封信（B）
摘要 A：比克斯比夫人，對於您失去五個征戰沙場的兒
子，我找不出任何言詞可以傳達我的悲痛，如
果能有一點兒幫助，請了解：他們死於為自由
與理想而戰，以及你的國家永遠感激他們的付
出與您的犧牲。亞伯拉罕·林肯。
摘要 B：比克斯比夫人，我剛剛獲悉您失去了五個征戰
沙場的兒子，請了解，他們是英勇陣亡的，以
及我們的國家對此深表感激。亞伯拉罕·林肯。
（我認為這是所有學童都該閱讀的感人信件。）
摘要 C：比克斯比夫人，您是五個兒子皆戰死沙場的那

位母親。在這般悲痛的時刻，我想勸慰您不再如此哀傷而說的任何話，都是軟弱無用的。但是，我不得不寫信給您，希望藉著讓您了解國家很感激他們的勇敢與犧牲，來幫助您從悲傷中復原。我希望天主軟化您的哀痛，只允許愛的回憶充滿您的心。雖然現在是艱苦的時刻，您有許多可自豪之處，因為您為了國家的自由已做出至大的犧牲。亞伯拉罕·林肯。

2.原始文本：幽默的商務信件（C，3）

213

　摘要A：請協助我，退還我的付款或更換我所購買的籃球框和支桿。

　摘要B：請退回我在這項產品上的所有花費以還給我原來的生活，我的所有花費是美金 4,236.79 元。而另一種方式是，您可以寄給我一套替換的籃球框和支柱——比較好的一組。感謝您能做的任何協助。

　摘要C：謝謝您傾聽我的問題，我希望您能幫助我。

3.原始文本：《輕騎兵進擊》（H）

　摘要A：這是令人縈懷的一首詩。Tennyson爵士值得大加喝采，他將一場指揮錯誤的戰役的英勇時刻予以張舉，並且賦予能喚起記憶的戲劇張力。他很有技巧地交織歷史事實與文學手法，不只給予讀者彷彿親臨戰場的感受，也使他們領會到，被不適任長官要求進行突擊的一般士兵所做的犧牲。這首詩歷經時間考驗而不朽，對今日的軍事或企業領導者能做為警惕故事之用。一首經典詩作的特色是，反思現代社會就如同反思

其成詩時代一樣，這篇作品很適合中學課程的學習。

摘要B：六百多位既無準備又裝備簡單的士兵長途跋涉，向人數又多又有加強砲配備的敵軍突襲。雖然知道這是一項死亡任務，他們做到了。他們的動機是忠誠與責任感，他們相信領導的軍官知道為何而戰，所以他們行軍邁向夢魘。全體士兵發現自己完全被噪音、武器、鮮血、暴力及死亡所包圍，他們仍然繼續戰鬥，最後，只有少部分人安全回返。Tennyson的這首詩要世人永遠不要忘記這些士兵的英勇付出。

摘要C：這首詩使用許多文學手法來紀念六百多位士兵，他們走入致命的戰場，那裡他們的人數嚴重低於敵軍而且遭遇重大損失。透過這首詩，我們發現幾則應用重複、暗示、擬人化、節奏、擬聲構詞及頭韻的例子，這些手法是用來引發如同親臨戰場與置身更大歷史脈絡的圖像感。詩人Tennyson也藉著生動描述士兵不斷遭受的身體傷害，以及他們由於錯信無能長官而產生的悲痛情緒，吸引我們的感官注意。雕琢技巧高超，這首詩將人們起於虛妄之中的高貴品性，做出能喚起情感的描述。

214　第二部分

說明：在下面空白處，對三維立體的表格（原始文本見附錄L）做出摘要，並請一位同學或家人評鑑你的摘要。

活動：文本改寫

215

　姓名：＿＿＿＿＿＿＿＿　日期：＿＿＿＿＿＿＿＿＿

第一部分

說明：針對每篇文本，選出所有合理的改寫句，並在稍後
　　　說明你圈選的句子為什麼符合改寫技巧的要求。

1.原始文本：《哈姆雷特》節錄（N）

「我不知道究竟應該怎樣想；

可是，大概推測起來，

這恐怕是國內將有奇特變故的預兆。」

a.我感到困惑。

b.我不確定，但我認為附近的火山將要噴發出熔岩岩塊。

c.我不確定，不管是什麼事，一定不是好事。

d.我不確定，但我認為這附近的事情會有不尋常的變化。

2.原始文本：《哈姆雷特》節錄（N）

「……你必須對你自己忠實；

就像黑夜必須繼白晝而來的運行之道，

對自己忠實，才不會虛偽對待任何人。」

a.我們必須誠實對待真實的自己，也必須非常坦率對
　待他人。

b.不要說服你自己成為其他人，就像太陽明天還是會
　升起，我們無法靠戴上假面具而生存。

c.對自己與其他人誠實，否則你將無法成功。

d.天天都追隨你自己的夢想，以及不要對任何人說謊。

216　3.原始文本：對青少年冷漠態度的看法（K）

「青少年會關心生活，他們也會成就更多的事，如果把電視機關掉、如果社區提供安全有趣的青少年聚會活動，以及如果態度積極的成人花更多時間和他們在一起。」

a.做一位青少年很辛苦，電視、缺少可去的好地方及缺乏關心的成人，使青少年的生活更困難。

b.電視使青少年變得冷漠，如果有好的地方可聚會，以及有更多成人喜歡他們的陪伴，他們會比較快樂一些。

c.如果我們要青少年努力奮鬥，我們必須除去使他們冷漠的事物，我們必須提供他們可參與的資源與成人的領導。

d.青少年會關心他們自己的生活，也會在學校獲得更好的成績，如果他們不看太多電視。社區也必須創造安全又有趣的聚會場所，我們也必須安排優秀的成人參與青少年的生活。

217　第二部分

說明：改寫下列的陳述，然後向一位同學或家人說明你的改寫為什麼適當。同學或家人聽過你說明的理由之後，請他們在下面空白處評量你的表現。

1.原始文本：蓋茨堡演說（A）

「但是，從廣義而言，我們無法將這塊土地以烈士之名題獻、無法宣布其為聖地、也無法使其為聖地，因為在此地奮戰過的勇者，包括生者與亡者，已經將此地宣布為聖地，其神聖遠非我們貧弱的力量所能增減。」

改寫後：

評閱者簽名：＿＿＿＿＿＿＿＿＿＿＿＿＿＿

這是一段成功的改寫嗎？　　是　　否（圈選其一）

請列出一項改寫技巧的準則或特點，以支持你的評鑑結果：

2.原始文本：評論驚嘆號／Lewis Thomas 作（F）

「驚嘆號是最惱人的標點符號。看！他們說，看看我剛說的！我的想法多令人驚奇！這好像是被強迫看著某人的小孩在客廳中央瘋狂跳上跳下又大聲嚷嚷以吸引注意。」

改寫後：

評閱者簽名：＿＿＿＿＿＿＿＿＿＿＿＿＿＿

這是一段成功的改寫嗎？　　是　　否（圈選其一）

請列出一項改寫技巧的準則或特點，以支持你的評鑑結果：

3.原始文本：《淺藍的小圓點》節錄／Carl Sagan 作（G）　　218

「據說天文學是一門使人謙卑和培養品德的學習經驗，也許沒有比我們的渺小世界的遠距形象，更能證明人類的自負是愚蠢的。對我而言，它強調我們有責任對彼此更和善，以及有責任保存與珍惜這淺藍的小圓點──我們

所知唯一的家。」

　　改寫後：

　　評閱者簽名：＿＿＿＿＿＿＿＿＿＿＿＿＿

　　這是一段成功的改寫嗎？　　是　　否（圈選其一）

　　請列出一項改寫技巧的準則或特點，以支持你的評鑑
結果：

4.原始文本：太空梭的描述（I）

　　「太空梭的三個主要部分包括軌道運行器、外部燃料
箱及兩個固態燃料助推器，它在發射時的重量是四百五十
萬磅而高度是 184.2 呎，它的翼稍寬度為 78.06 呎、長度為
122.2 呎。太空梭的三座引擎能產生四十七萬磅的推進力，
而兩個固態燃料助推器則能共同產生五百三十萬磅的推進
力。它在每次飛行任務中能承載六萬五千磅的貨物。」

　　改寫後：

　　評閱者簽名：＿＿＿＿＿＿＿＿＿＿＿＿＿

　　這是一段成功的改寫嗎？　　是　　否（圈選其一）

　　請列出一項改寫技巧的準則或特點，以支持你的評鑑
結果：

參考文獻

Allen, J. (1999). *Words, words, words: Teaching vocabulary in grades 4–12*. York, ME: Stenhouse Publishers.

Armstrong, T. (2000). *Multiple intelligences in the classroom* (2nd ed.). Alexandria, VA: Association for Supervision and Curriculum Development.

Atwell, N. (1990). *Coming to know: Writing to learn in the intermediate grades.* Portsmouth, NH: Heinemann.

Black, H., & Parks, S. (1990). *Organizing thinking: Book II: Graphic organizers.* Pacific Grove, CA: Critical Thinking Books and Software.

Browne, A. L., Campione, J. C., & Day, J. (1981, February). Learning to learn: On training students to learn from texts. *Educational Researcher 10*(2), 14–21.

Buehl, D. (2001). *Classroom strategies for interactive learning* (2nd ed.). Newark, DE: International Reading Association.

Burchers, S., Burchers, B., & Burchers, M. (1996). *Vocabutoons, elementary edition.* Punta Gorda, FL: New Monic Books.

Burke, J. (2001). *Illuminating texts: How to teach students to read the world.* Portsmouth, NH: Heinemann.

Burmark, L. (2001). *Visual literacy: Learn to see, see to learn.* Alexandria, VA: Association for Supervision and Curriculum Development.

Canady, R. L., & Rettig, M. D. (Eds.). (1996). *Teaching in the block: Strategies for engaging active learners.* Larchmont, NY: Eye on Education.

de Bono, E. (1985). *Six thinking hats* (Rev. ed.). Boston: Little, Brown, and Company.

Forsten, C., Grant, J., & Hollas, B. (2003). *Differentiating textbooks: Strategies to improve student comprehension and motivation.* Petersborough, NH: Crystal Springs Books.

Frank, M., Howard, J., & Bullock, K. (1995). *If you're trying to teach kids how to write, you've gotta have this book!* (Rev. ed.). Nashville, TN: Incentive Publications.

Frender, G. (1990). *Learning to learn: Strengthening study skills and brain power.* Nashville, TN: Incentive Publications.

Gardner, H. (1993). *Frames of mind: The theory of multiple intelligences* (10th anniversary ed.). New York: Basic Books.

Glynn, C. (2001). *Learning on their feet: A sourcebook for kinesthetic learning across the curriculum.* Shoreham, VT: Discover Writing Company.

Gordon, W. J. J. (1961). *Synectics, the development of creative capacity.* New York: Harper.

Harvey, S. (1998). *Nonfiction matters: Reading, writing, and research in grades 3–8.* York, ME: Stenhouse Publishers.

Harvey, S., Goudvis, A., & Groves, D. (2001). *Strategies that work: Teaching comprehension to enhance understanding.* York, ME: Stenhouse Publishers.

Hyerle, D. (2000). *A field guide to using visual tools.* Alexandria, VA: Association for Supervision and Curriculum Development.

Hyerle, D. (Ed.). (2004). *Student successes with thinking maps: School-based research, results, and models for achievement using visual tools.* Thousand Oaks, CA: Corwin Press.

Lane, B. (1993). *After the end: Teaching and learning creative revision.* Portsmouth, NH: Heinemann.

Marzano, R. J., Norford, J. S., Paynter, D. E., Pickering, D. J., & Gaddy, B. B. (2001). *A handbook for classroom instruction that works.* Alexandria, VA: Association for Supervision and Curriculum Development.

Marzano, R. J., Pickering, D. J., & Pollock, J. E. (2001). *Classroom instruction that works: Research-based strategies for increasing student achievement.* Alexandria, VA: Association for Supervision and Curriculum Development.

Robb, L. (2000). *Teaching reading in middle school.* New York: Scholastic Professional Books.

Sousa, D. A. (2001a). *How the special needs brain learns.* Thousand Oaks, CA: Corwin Press.

Sousa, D. A. (2001b). *How the brain learns: A classroom teacher's guide.* (2nd ed.). Thousand Oaks, CA: Corwin Press.

Sousa, D. A. (2003). *How the gifted brain learns.* Thousand Oaks, CA: Corwin Press.

Stephens, E. C., & Brown, J. E. (2000). *A handbook of content literacy strategies: 75 practical reading and writing ideas.* Norwood, MA: Christopher-Gordon Publishers.

Strong, R. W., Silver, H. F., Perini, M. J., & Tuculescu, G. M. (2002). *Reading for academic success: Powerful strategies for struggling, average, and advanced readers, grades 7–12.* Thousand Oaks, CA: Corwin Press.

Tovani, C. (2000). *I read it, but I don't get it: Comprehension strategies for adolescent readers.* Portland, ME: Stenhouse Publishers.

Vacca, R. T., & Vacca J. A. L. (2005). *Content area reading: Literacy and learning across the curriculum* (8th ed.). Boston: Pearson/Allyn and Bacon.

Wolfe, P. (2001). *Brain matters: Translating research into classroom practice.* Alexandria, VA: Association for Supervision and Curriculum Development.

Wood, K. D., & Harmon, J. M. (2001). *Strategies for integrating reading and writing in middle and high school classrooms.* Westerville, OH: National Middle School Association.

Zinsser, W. K. (1988). *Writing to learn.* New York: Harper & Row.

索引

（正文旁之數碼，係原文書頁碼，供檢索索引之用）

國家圖書館出版品預行編目資料

教學生做摘要：五十種改進各學科學習的教學技術／
Rick Wormeli 著；賴麗珍譯. --初版.--
臺北市：心理, 2006（民 95）
　面；　公分.--（課程教學系列；41308）
參考書目：面
含索引
譯自：Summarization in any subject: 50 techniques to
improve student learning
ISBN 978-957-702-950-8（平裝）

1.學前教育　　　　　　　　　2.學習心理學

521.4　　　　　　　　　　　　95017873

課程教學系列 41308

教學生做摘要：五十種改進各學科學習的教學技術

作　　者：Rick Wormeli
譯　　者：賴麗珍
執行編輯：高碧嶸
總 編 輯：林敬堯
發 行 人：洪有義
出 版 者：心理出版社股份有限公司
地　　址：231新北市新店區光明街288號7樓
電　　話：(02) 2915-0566
傳　　真：(02) 2915-2928
郵撥帳號：19293172　心理出版社股份有限公司
網　　址：http://www.psy.com.tw
電子信箱：psychoco@ms15.hinet.net
駐美代表：Lisa Wu（lisawu99@optonline.net）
排 版 者：亞帛電腦製作有限公司
印 刷 者：博創印藝文化事業有限公司
初版一刷：2006 年 9 月
初版十二刷：2020 年 7 月
I S B N：978-957-702-950-8
定　　價：新台幣 280 元